MW00945040

SÓCRATES vs TRUMP

CARLOS DALMAU

SÓCRATES

VS

TRUMP

COLECCIÓN
STOA

2024

Primera edición: junio de 2024

© 2024, Carlos Dalmau

Publicación de:

Fundación Rafael Hernández Colón
Calle Mayor #50, esq. Castillo
Ponce, Puerto Rico 00733
+1 787-259-0421
www.rafaelhernandezcolon.org

Ilustración y diseño de cubierta: Damián Modena

Director de colección: José Alfredo Hernández Mayoral

ISBN: 9798327706439

FUNDACIÓN
Rafael
Hernández
Colón

A Manuel Cárdenas Ruiz, quien me enseñó a leer los clásicos.

Contenido

Prólogo

DESDE LA DÉCADA DEL OCHENTA del pasado siglo se viene hablando de la crisis del socialismo, no sólo en la teoría sino también en la realidad. Lo cual culminó en la implosión de la Unión Soviética, la caída del Muro de Berlín y el fin del socialismo realmente existente en los países del Este europeo. La situación en que actualmente nos encontramos es la crisis de la democracia liberal. Testimonio de ello son los diversos populismos que han hecho aparición en el mundo, y la mejor muestra de ello fue el acceso al poder gubernamental de Donald Trump. El libro que hoy tengo el honor de prologar centra su temática precisamente en este personaje y atiende precisamente a la crisis de la democracia, tema que ha sido estudiado y del cual el Epílogo de esta obra nos da algunas importantes referencias. *Sócrates vs Trump* es el título del libro, y su autor el licenciado Carlos Dalmau. El nombre de Sócrates en el título no es casual, sino que, por el contrario, es el espíritu del maestro de Platón el que fulgura a lo largo y ancho de la obra.

El libro se divide en seis partes, una introducción, cuatro diálogos con Trump y sus más allegados, y un epílogo. Los diálogos se pueden tratar de modo teatral, en la primera escena dialoga con Sócrates el publicista de Trump, Bannon; en el segundo, dialoga con Jared, esposo de Ivanka, la hija de Trump; en el tercero se enfrenta directamente con Trump; y en el cuarto Sócrates dialoga con Ivanka. Es muy acertado que Sócrates inicie el diálogo con Bannon, publicista, experto en comunicaciones, pues ello le permite a Sócrates abordar el tema de la retórica. Dalmau afirma de modo explícito su inspiración en el diálogo platónico el *Gorgias*. Y aunque Dalmau no es un filósofo en el sentido profesional del término a la usanza actual, no hay duda alguna de su conocimiento amplio y profundo de la obra platónica y de su fidelidad al espíritu socrático. Ciertamente, el Sócrates que hace su aparición en este diálogo no se limita a ser el Sócrates histórico, aunque lo supone, sino que conoce la historia posterior, menciona a Aristóteles, Maquiavelo, Kierkegaard, Nietzsche, Byung-Chul Han, y personajes políticos del pasado y del presente. La acción se desarrolla en el vestíbulo del Club de Mar-a-Lago, allí está presente Trump, sus amigos y asesores, en el mes de enero de 2025 y habiendo ganado las elecciones. Sócrates llega con Querefón, su discípulo. Querefón fue quien preguntó al oráculo de Delfos si había alguien más sabio que Sócrates, a lo que la pitia respondió que no. Sócrates respondió con su conocida frase escéptica "yo sólo sé que nada sé". A las afueras de Mar-a-Lago hay un mitin formado de dos grupos muy contrarios, los seguidores y los opositores de Trump. De cuando en cuando los guardias le informan al presidente del desarrollo de la manifestación.

En el primer diálogo Bannon reconoce que su hacer es la retórica. Y esto le viene bien a Sócrates quien lo interroga sobre la función de la retórica. Bannon explica primero que hoy a la retórica no se la denomina así, como en los tiempos de Sócrates, Platón y los sofistas, pero que está muy presente de múltiples maneras, en la publicidad comercial, en la propaganda política; es el arte que predomina en los actuales medios de comunicación de masas. De modo que Bannon reconoce ser un rétor, aunque en el discurso contemporáneo se le denomina "experto", publicista, estratega político. Y es mediante este tipo de retórica que ha lanzado a Trump a la palestra pública de la política.

Sócrates propone una regla para el diálogo: respuestas sencillas y directas sin largos discursos. Bannon se presenta como un populista nacionalista, reconociendo que el populismo está en ascenso y que sus enemigos son los izquierdistas y los socialistas. Sócrates describe la retórica como diosa de la persuasión (*Peito*), engañadora y seductora. Hija de Ate, diosa del error, el engaño y lo irracional. A lo largo de todo el diálogo Sócrates va a mantener esta posición que es la que Platón defiende en el *Gorgias*. En cambio, Bannon, como Gorgias, mantiene que la retórica puede persuadir a uno o a millones y sobre cualquier tema. Pues el experto sabe mucho de su tema, pero el rétor "sabe persuadir a la masa". A lo cual Sócrates responde que la retórica no se basa en el conocimiento, sino en "la ignorancia de la audiencia". Por lo cual le dice a Bannon que lo que usa en sus discursos es la manipulación a una audiencia ignorante que lo que convendría es educarla. Bannon rechaza que lo propio de la retórica sea educar al pueblo, esto lo hacen "los sin poder"; la función de la política es "ganarse las masas". Su fin es el entretenimiento, no el conocimiento. Sócrates replica que la educación es el mayor bien de una democracia. Y que la retórica se basa en la ignorancia, en la falta de razonamiento y reflexión y en la manipulación psicológica. Bannon lo acepta y dice que "así es la vida real". Este tipo de "realidad" es también la que Trump va a aceptar para la política, y acusará a Sócrates de desconocer lo que es la política en la vida real. El fin de la política es el poder, según Bannon y Trump. Y la retórica es una vertiente de la política y se apoyan mutuamente. La retórica emplea técnicas de mercadeo y otras estrategias publicitarias. La retórica es necesaria para cualquier régimen político, hasta los más tiránicos, como en la Alemania de Hitler.

Sócrates pregunta qué beneficio trae la retórica a los ciudadanos si como dice su contrincante no lo hace más justo ni más educado. Bannon responde que la utilidad es ganar, como hizo John Kennedy para llegar a la presidencia. Con la retórica Kennedy hizo grande a Estados Unidos, y más adelante Trump dirá lo mismo. La retórica le permitirá acrecentar su poder y el de Estados Unidos. Gracias al poder retórico de Reagan cayó el Muro de Berlín. Sócrates le hace ver que en algunos casos la retórica puede ser perjudicial, y Bannon lo reconoce aludiendo a Hitler. Pero aquí comienza a enredarse Bannon, pues tiene que reconocer que para distinguir lo útil y lo perjudicial del discurso retórico de la política tiene que recurrir a la idea de lo bueno y lo malo. Dice sentirse cansado y reconoce que Sócrates lo ha metido en un enredo, pues él, Bannon, no puede explicar qué es lo bueno y lo malo.

Comienza entonces la segunda escena, y ahora es Jared, esposo de Ivanka, la hija de Trump, quien le hace preguntas a Sócrates. Y la primera pregunta es cómo él considera la retórica. Sócrates es explícito y franco: la retórica es una técnica de manipulación. No considera la retórica como arte, pues, como bien dice Aristóteles, todo arte persigue un bien, y los rétores cometen actos injustos y vergonzosos. No hacen bien al país, y su fin, como ha reconocido su contrincante, es el poder. Jared replica que de todos modos la retórica produce algún bien, y que ese bien es el placer. La respuesta de Sócrates es obvia, no todo placer es bueno, hay placeres dañinos; tampoco se puede decir que todo dolor es malo. Lo cual Jared tiene que reconocer. Sócrates pone como ejemplo, uno muy actual, la venta y consumo de alimentos procesados. Causan mucho daño, y así lo reconoce Jared y agrega que incluso hay estudios científicos sobre el tema. Ahora bien, continúa el publicista de Trump, el consumidor no actúa de modo racional, no hace caso a los estudios científicos, sólo busca el placer. Sócrates no duda en sacar la consecuencia, pues si lo anterior es verdad, entonces la propaganda puede ser engañosa. Y Jared tiene que aceptarlo, pero agrega que el objetivo de la propaganda no es educar, sino vender. Vender mediante el engaño es injusto y vergonzoso, replica Sócrates. La retórica enferma el alma como los alimentos procesados enferman al cuerpo.

Jared se sale de la esfera económica de los alimentos procesados, y se va a lo suyo, pues destaca que la retórica puede mucho más: hace ganar elecciones. Y como dirá Trump, lo que importa es ganar. Sócrates concluye que la política dirigida por la retórica es injusta y vergonzosa; pero esto es una degeneración de la política que es un arte noble porque persigue el bien común, la felicidad de la comunidad. A lo cual Jared replica que Sócrates tiene una idea infantil de la política, no tiene la experiencia que tiene Trump y su publicista Bannon.

Si tanto la retórica como la política tienen como fin último el poder, entonces cabe la pregunta socrática de si se ejerce el poder por medios justos. Y por ahí comienza a enredarse también Jared, pues reconoce que cuanto más se tiene poder más injusto y codicioso se llega a ser. De hecho, el esposo de Ivanka reconoce que el tirano llega a ser admirable, aunque sea injusto, violento y codicioso.

Sócrates enfoca ahora el diálogo en la interrogación por el sentido de la vida, de qué modo podemos vivir la vida. Estamos entonces en un interrogante ético, que fue lo que enredó a Bannon, y también va a enredar a Jared y a hacer caer en contradicción a Trump. Jared dice que se debe vivir a conciencia y libertad. Para Sócrates es fácil la respuesta, pues ya su contrincante ha reconocido que el tirano comete actos dañinos y que su vida no puede ser imitada. No es una vida consciente ni libre porque el tirano es esclavo de sus pasiones y de sus deseos. Sócrates dice sabiamente: "El tirano con mucho poder es el que causa más daño a los demás". En lugar del tirano lo que tenemos que hacer es formar buenos ciudadanos. Jared agrega que el tirano puede hacerle daño a los demás, pero no se hace mal a sí mismo. Y Sócrates que es experto en el conocimiento y el cuidado de sí mismo tiene la oportunidad de explayarse en el núcleo de la ética. Efectivamente, el tirano se hace daño a sí mismo porque no sabe gobernar sus pasiones y sus deseos. También Sócrates confronta a Trump con esta pregunta, pero éste replica que no se entiende qué tiene que ver el gobierno de sí mismo con el gobierno de los demás.

Trump se da cuenta que tanto Bannon como Jared han salido mal del diálogo con Sócrates, queda disgustado con las respuestas que han dado. Entonces Sócrates invita a Trump al diálogo. Trump comienza su intervención diciéndole a Sócrates lo que ya Bannon le había dicho, que no tiene conocimiento real de la política, cosa que él, Trump, si tiene porque ha sido exitoso, y que en consecuencia él le va a aclarar lo que es la política. El poder de la política es el miedo, aunque el miedo no es suficiente, pues el político tiene que ser fuerte y astuto. Como bien lo dijo Maquiavelo, fuerte como el león, y astuto como el zorro. Sólo siendo fuerte el político puede persuadir a los débiles y éstos lo seguirán con obediencia. Lo importante es ganar. "En la cima de todo está el poder, con las menos restricciones posibles." Trump reconoce que su pasión es el poder. Y Sócrates reconoce que su pasión es la investigación de la verdad. Trump se mofa de Sócrates y le dice que su pasión lo ha llevado a la ruina; se ha arruinado por su torpeza política, mientras que a él lo ha llevado al poder y al poder exitoso, pues ha sido exitoso en todo. El maestro de Platón le replica a Trump que se caracteriza por la sed de poder. Pero esto para Trump no es problema, la sed de poder es buena, es en verdad lo que impulsa al ser humano a la superación. De ahí que no hay razón para avergonzarse del deseo de poder. Son los débiles los que hacen parecer como malo el deseo de poder. El buen político sabe lo que quiere la mayoría y busca la forma de complacerla mediante la manipulación. El pueblo necesita un líder fuerte que sepa dirigirla, pues en sí el pueblo es pasivo. Sólo el más fuerte es el que puede pastorear al pueblo. Esta es la ley natural. Tesis que aparece en un personaje del *Gorgias*, Calicles. Eso de la igualdad es un cuento que nadie se cree. Los padres fundadores, en la Constitución, hablaron de la igualdad, pero era algo de su tiempo, hoy es diferente, hay que ajustar la política realidad. "Mi misión es cambiar esto, y hacer valer la ley del más fuerte". El mejor régimen político es el que no pone frenos constitucionales al más fuerte. Ser fuerte lo capacita a uno para ejercer el poder. De nuevo Sócrates hace una sabia observación: "Es usual que quienes se jactan de hacer dinero tiendan a no darle mucha importancia a la excelencia moral de la justicia". Trump se jacta de que el poder que él ha ejercido ha traído muchos beneficios, ha protegido a sus amigos, se protege de los enemigos y ha hecho más fuerte a Estados Unidos. Sócrates pregunta cuál es el bien que la política aporta al pueblo. El médico tiene como fin la buena salud del paciente. ¿Cuál es el bien de la política? ¿Qué conocimiento y qué virtudes debe tener el político? Trump reconoce que el poder puede traer abusos, siempre se presta para el abuso. De todos modos, debe gobernar el más fuerte mentalmente y que los débiles le obedezcan.

Sócrates vuelve aquí con la idea según la cual el que gobierna a un pueblo debe saber gobernarse a sí mismo, saber controlar sus emociones y pasiones. La respuesta de su contrincante es rechazar de plano la idea, pues eso es una práctica represiva. El secreto de la felicidad es seguir tu pasión, dar rienda suelta a las pasiones y satisfacer sus deseos. Y somos pocos los que sabemos hacerlo.

Trump no se siente derrotado por Sócrates, como los dos anteriores interlocutores. Pero ello ocurre a costa de ser incoherente. Pues ha reconocido que el poder tiende a ser abusivo y, sin embargo, no acepta ningún criterio ético y se ampara sólo en seguir las pasiones, siendo la pasión del político el poder. Sócrates dice: "Ni en la política, ni en la retórica encontramos criterios confiables para escoger el camino de la vida óptima y buena que queremos vivir. De la vida feliz, que es el fin último del ser humano. ¿Te hace algún sentido lo que digo?" La respuesta de

Trump es taxativa: "Ninguno". Nada hay por encima de la política y la retórica, y ambas sólo buscan el poder.

El diálogo de Sócrates con Ivanka es de otra naturaleza, ya no se trata de la política, sino de la religión, pues ella ha tenido una conversión religiosa. Por su parte Sócrates la interroga sobre la inmortalidad del alma, un tema que también a él le interesa defender. Al final del diálogo con Ivanka, Trump los interrumpe y le confiesa a Sócrates, ahora que estamos solos, que su verdadera pasión es la venganza, y que la ejercerá contra todos sus enemigos. Sócrates no le recomienda el perdón, sino la libertad. Pues la venganza como toda pasión es servidumbre. Ningún caso le hace el presidente al sabio. Cuando se disponen a salir del vestíbulo, la multitud que estaba en las afueras irrumpe y atropella a Sócrates, que cae arrollado por la turba. ¡Sócrates de nuevo ajusticiado! Un dato importante es que en la multitud tanto los seguidores de Trump como los opositores rechazan a Sócrates. Trump ha dicho que Sócrates es un extranjero peligroso y que sólo ha venido a confundir a todos.

En el Epílogo, como dije, se discute brevemente la crisis de la democracia, y algunos libros que se han escrito recientemente sobre el tema. Al populismo no le interesa la verdad, y la mentira repetida, como dijo Goebbels, es lo que se convierte en verdad. No interesan las razones, sino la fe ciega en un líder. Byung–Chul Han advierte que es necesario fijarse en la pasividad, en la falta de compromiso de los ciudadanos, vivimos una democracia de espectadores. Carlos Dalmau concluye invocando nuevamente a Sócrates, su confianza en la justicia y en el buen vivir que implica conocimiento y gobierno de sí mismo.

Este libro cumple de modo excelente su finalidad de hacernos conscientes de lo que es la verdadera política y de cuestionar radicalmente la perversión de la política y la degeneración de la democracia en que cada vez más va cayendo nuestra civilización actual. El enfoque es ético como lo es en Sócrates, Platón y Aristóteles. Y es contrario a la retórica como la pensaron Sócrates y Platón. Aristóteles fue más condescendiente y la admitió como un arte argumentativo que debía estar consciente de los valores de la audiencia a fin de su convencimiento. Pero reconoció que, aunque efectivo, el razonamiento retórico es la más pobre de todas las formas de razonamiento. Hace un amplio análisis de las pasiones humanas mostrando así, como bien dice algún comentarista, un amplio y profundo conocimiento de la condición humana.

Sólo me gustaría advertir que Sócrates identifica el bien del sabio y del político. Es decir, se hace una idea muy elevada del político. Era también la idea de Platón, pues es el sabio (el filósofo) quien debe gobernar. Aunque en *Las leyes* cambia esta idea por un gobierno basado en buenas leyes. Aristóteles diferenció entre el político y el sabio. El fin que persigue el político es el reconocimiento. Aristóteles no rechaza que esto sea un bien, pero sí afirma que no lo hace a uno autónomo, pues el reconocimiento depende de los demás. En cambio, el sabio busca la felicidad en la vida contemplativa, y ésta sí lo hace autosuficiente. De todos modos, Aristóteles, como Sócrates y Platón, enseña que el fin del buen gobernante es el bien de la comunidad, y que es corrupto el gobernante que sirve a sus propios fines o al de grupos determinados. Servir a la comunidad es un bien noble y necesario. Aristóteles le adscribe a la política las funciones de la justicia, tal como lo hace Sócrates y Platón. Pero, por encima del político está el sabio, el ser humano que vive todas las virtudes y así llega a la cúspide de la sabiduría y de la felicidad.

Carlos Rojas Osorio

Universidad de Puerto Rico

"No sé qué efecto habrá tenido en ustedes la campaña desplegada por mis acusadores. Confieso que al escucharlos no me reconozco. Así de persuasiva ha sido su retórica. Sin embargo, puedo asegurarles que no han dicho una sola palabra que sea verdad."

Sócrates

"The final key to the way I promote is bravado. I play to people's fantasies. People may not always think big themselves, but they can still get very excited by those who do. That's why a little hyperbole never hurts. People want to believe that something is the biggest and the greatest and the most spectacular."

Donald Trump

"A life without thinking is quite possible; it then fails to develop its own essence. It is not merely meaningless; it is not fully alive. Unthinking men are like sleepwalkers."

Hannah Arendt

"Tyranny is a danger coeval with political life."

Leo Strauss

"Believe in truth. To abandon facts is to abandon freedom. If nothing is true, then no one can criticize power, because there is no basis upon which to do so. If nothing is true, then all is spectacle. The biggest wallet pays for the most blinding lights."

Timothy Snyder

PREFACIO

¿QUÉ PASARÍA SI DONALD TRUMP Y SÓCRATES tuvieran un diálogo? Hace un tiempo, habrá sido para principios del 2016, me hice esta pregunta. Este libro es un intento de contestarla. Aunque a primera vista parece el comienzo de un chiste de bar, se trata de un examen sobre nuestras maneras de entender la política, el poder, la exploración filosófica y la vida buena en tiempos de Trump. Los personajes que comparecen a estos diálogos nos confrontan con preguntas radicales sobre cómo queremos vivir y cuál es la mejor forma de convivencia dentro de una comunidad política, si es que aspiramos a ser mejores, más libres y felices en un mundo que parece hundirse en una crisis permanente. Este choque de cosmovisiones, opiniones y caracteres tiene como protagonista a Sócrates.

Para darle vida a Sócrates y traerlo a nuestro mundo, me he inspirado libremente en los diálogos de Platón, en particular el *Gorgias*. El Sócrates que aparece aquí, sin embargo, es distinto del protagonista de los diálogos de Platón. Preserva su método, su capacidad de diálogo, su paciente modo de interrogación, su inconfundible ironía, su misión *mayéutica* y su pensamiento crítico. No obstante, nuestro Sócrates parece conocer bien la historia, la experiencia política y el pensamiento filosófico desde sus tiempos hasta el día de hoy. Todo esto lo cuenta Querefón, su fiel amigo, a quién recordamos por haberse atrevido a preguntarle al oráculo de Apolo en Delfos la legendaria pregunta: ¿Hay alguien más sabio que Sócrates?

La acción ocurre en un futuro, no muy lejano, en la propiedad de Mar-a-Lago que Trump considera su Casa Blanca en la Florida. En esta versión imaginaria del futuro, Trump recién ha ganado las elecciones presidenciales del 2024. Lo acompaña su camarilla íntima y un grupo de aliados y seguidores políticos. El país es una olla de presión. Se discute por todas partes lo que su segunda presidencia implicará para Estados Unidos y para todo el mundo. Esta vez el objetivo de Trump es transformar el orden constitucional y aumentar su poder, con pocas restricciones. ¿Cuánto poder? El mayor que haya tenido presidente alguno en la historia de Estados Unidos. Sócrates lo sabe y tiene su propio objetivo: Entablar un diálogo con Trump.

SÓCRATES vs TRUMP

Parte I

Sócrates llega a Mar-a-Lago

Esta es la historia de la segunda vida de Sócrates. Más bien, de su segunda muerte y lo que pasó en sus momentos finales. Tengo el deber de contarlo por petición de mi maestro y amigo. Para cumplir esta misión, he invocado el socorro de la diosa Mnemosine, puesto que esta historia no se cuenta por vanidad, ni en búsqueda de honores o reconocimientos, sino con el único fin de dar testimonio de lo que pasó.

Antes de continuar, debo presentarme. Soy Querefón, amigo y seguidor de Sócrates. Cuento esta historia, fiel a lo sucedido y siguiendo el género del diálogo socrático, según lo perfeccionó Platón. Sin embargo, le bastará al lector avanzar sólo unas páginas para comprobar que no me acerco al talento literario, al genio filosófico, ni a la erudición académica de Platón, de quién aprendí todo lo que sé sobre la escritura de un diálogo filosófico. Esto es prueba de que siempre hay límites en lo que puede un gran maestro pasarle a un alumno como yo. Mi estilo le parecerá, al lector acostumbrado a Platón, simple, tosco y poco elevado. Como ya dije, no he tenido opción. Lo he escrito en cumplimiento de una promesa. No obstante, doy fe de que todo lo dicho aquí es la verdad.

Me corresponde, antes de proceder al diálogo, presentar los personajes de esta historia: Sócrates, Querefón (servidor suyo), Trump, Bannon, Jared, Ivanka, agentes de seguridad y gente del pueblo de Estados Unidos. Todo lo que a continuación relato ocurre en el Club Mar-a-Lago, propiedad de Trump, en Palm Beach, Florida. Un 6 de enero del año 2025. Al frente ondea una enorme bandera de Estados Unidos de América.

Comparto esta historia con la esperanza de que les sea útil en sus vidas. En el presente y en el futuro. Lo hago además como testimonio de la devoción y el amor fraternal que le profeso al más justo, al mejor y más sabio de todos los hombres que jamás haya conocido.

Ahora vayamos a lo ocurrido.

QUEREFÓN. — Llegamos a Mar–a–Lago. ¿Estás seguro de que quieres hacer esto?

SÓCRATES. — ¿Por qué no habría de estarlo?

QUEREFÓN. — Porque un debate con Trump y su camarilla en Mar–a–Lago, un día como hoy, no va a terminar bien. Tengo olfato para estas cosas.

SÓCRATES. — ¿Olfato? Si quieres tener un diálogo, debes prestar mayor importancia a la audición y no tanto al olfato.

QUEREFÓN. — ¿La audición? Perfecto. Un momento. Oigo la voz de mi daimón.

SÓCRATES. — ¿Qué te dice?

QUEREFÓN. — "Querefón, vete de ahí y llévate a Sócrates. Estás a tiempo."

SÓCRATES. —¿A tiempo para qué?

QUEREFÓN. —Salvar el pellejo.

SÓCRATES. — (*Sonríe*). ¿No te parece un acto irracional que un hombre cualquiera temiese la muerte en nuestras circunstancias? Si consideras el tema racionalmente, concluirías que no hay nada que temer.

QUEREFÓN. — Todo el mundo le teme a la muerte.

SÓCRATES. — No todos somos "todo el mundo". Los que le temen a la muerte, mi querido Querefón, creen saber lo que es, a pesar de no conocerla ni haber examinado el asunto con cuidado.

QUEREFÓN. — Llevo repasando los argumentos que esgrimió Critón en tu celda en Atenas, aquel día en que trató de convencerte de escapar de tus ejecutores. Quizás hoy tengo suerte y puedo persuadirte de que no vale la pena arriesgarse a dialogar con esta gente. Son un caso perdido. Además, aquí somos extranjeros. No le debes nada a esta Polis ajena, ni a sus leyes, ni a su pueblo.

SÓCRATES. — Todo pasará, según tiene que pasar. Enfócate en el plan según acordado. ¿De acuerdo?

QUEREFÓN. — De acuerdo, pero te advierto que, pase lo que pase, no estoy en ánimo de sacrificar un gallo por nadie.

SÓCRATES. — Ya sabrás lo que debes hacer al final del día.

Sócrates se queda pensativo, como si se hubiese sumergido en las profundidades de su mente. Así estuvo uno o dos minutos. No me atreví interrumpirlo. Luego me miró como regresando de un trance. Su mirada era tan serena y amable que me dio la paz y el valor que necesitaba.

SÓCRATES. — ¿Vamos?

QUEREFÓN. — Vamos.

Caminamos un corto trayecto hasta la entrada. En el vestíbulo del Club de Mar-a-Lago vimos a Trump hablando por el teléfono móvil. Íbamos a caminar hacia él cuando nos detuvieron dos agentes de seguridad. Uno de ellos nos requirió identificaciones y el propósito de la visita. Antes de que pudiéramos decir una palabra, Trump hizo una señal con la mano, indicando que nos dejaran pasar. Los agentes se hicieron a un lado, con un seco "adelante". Fuimos hasta donde estaba Trump, que se encontraba cómodamente sentado en un elegante sofá, con ambos pies elevados, uno encima del otro, en una mesita de cristal y sin otra compañía que su teléfono móvil.

TRUMP. — ¡Sócrates, llegas tarde!

SÓCRATES. — ¿Se ha acabado la fiesta?

TRUMP. — Acaba de terminar. Steve Bannon acaba de dar una disertación buenísima sobre el futuro del MAGA y su influencia en el mundo. Estuvo fenomenal. Te lo has perdido.

SÓCRATES. — Quise complacer a Querefón y paramos un rato en el pueblo de Palm Beach.

TRUMP. — ¿Has preferido eso a llegar a un evento con el presidente de Estados Unidos?

QUEREFÓN. — Disculpe. Ha sido mi culpa. Acepte mis excusas, pero creo que puedo remediarlo. Si es que todavía Bannon anda por ahí.

TRUMP. — Bannon se está quedando aquí en mi Club y permanece en el salón compartiendo con la audiencia. A Steve le gusta tanto la atención, como a los niños les gustan los dulces.

QUEREFÓN. — ¿Cree que lo pueda convencer de que se anime a dialogar con nosotros?

TRUMP. — No necesitas mucho para persuadirlo de hablar. Y cuando sepa que Sócrates está aquí, no podrá resistirlo.

QUEREFÓN. — Perfecto. Hagamos la prueba.

TRUMP. — Sócrates, cuando me dijeron que vendrías hasta Mar-a-Lago, no estaba seguro de si era una buena idea. El mundo no hace más que hablar de Sócrates redivivus. Pero yo me preguntaba, ¿qué beneficio me podría traer tu visita?

SÓCRATES. — ¿Y qué te contestaste?

TRUMP. — Mi intuición me dice que, no importa lo que se diga, será memorable y eso de por sí es una ganancia. La verdad es que aquí hemos tenido muchos invitados, pero ninguno como tú.

QUEREFÓN. — La utilidad dependerá de que Bannon esté dispuesto a hablar con franqueza y a seguir las reglas sencillas del diálogo socrático.

TRUMP — Nada difícil.

QUEREFÓN. — He visto a hombres sabios, poderosos y famosos comenzar un diálogo con Sócrates llenos de confianza y aires de superioridad, para luego verse confundidos y caer en vergonzosas contradicciones.

TRUMP. — Bannon es más astuto de lo que parece. Ya veremos.

QUEREFÓN. — Me atrevo plantear algo que se me ocurre ahora mismo. ¿Cómo sería un debate entre Sócrates y Trump?

TRUMP. — (*Trump suelta una risa espontánea*). El campeón va primero. Trump vs. Sócrates.

QUEREFÓN. —¡Eso mismo!

Trump muestra una sonrisa juguetona, mirando de reojo a Sócrates, como si esperara que éste dijese algo.

SÓCRATES. — Me parece, Querefón, que has abusado de la confianza de nuestro anfitrión. No es la forma de agradecer su hospitalidad ponerlo en una situación incómoda.

QUEREFÓN. — Trump, le ruego me disculpe. A veces me dejo arrastrar por el impulso de las emociones.

Trump se ha puesto de pie y comienza a caminar sin hablar. Caminamos detrás de él.

SÓCRATES. — ¿Quiénes están en el salón con Bannon?

TRUMP. — Colaboradores políticos, amigos, donantes. Las campañas hoy día no se pueden hacer sin donaciones grandes de gente rica y de corporaciones grandes. Esta gente ayudó a mi victoria y hay que agradecerles.

QUEREFÓN. — ¿Bannon hablaría con franqueza ante ese público?

TRUMP. — Este es un evento privado, estrictamente fuera de récord.

SÓCRATES. — ¿Cómo es eso?

TRUMP. — No se permiten cámaras, ni periodistas, ni siquiera he autorizado a mis propios camarógrafos a tomar videos. A todos los participantes se les exigió firmar un NDA y no tienen permiso para utilizar sus celulares para grabar video, audio o tomar fotos.

SÓCRATES. — ¿Qué pretendes lograr con esas medidas de control?

TRUMP. — Una discusión más abierta, sin preocuparse tanto por los liqueos de la prensa, ni los ataques del enemigo. Aunque siempre algo sale, lo cual es parte del diseño, pero lo podemos controlar mejor. Llegamos.

En la entrada unas letras estilizadas dicen "Grand Ballroom". Frente a la tarima está Steve Bannon rodeado de gente. Es probable que en todo el salón haya unos 80 invitados. Se puede distinguir algún personal del servicio, con camisa blanca y chaleco negro, repartiendo bebidas y entremeses.

Bannon viste remera negra, bajo una camisa gris desabotonada, un abrigo de piel negro mate y un pantalón negro. Hace pensar en un motociclista que no tuvo tiempo para vestirse bien. Al acercarnos noto que una mujer, tendrá poco menos de 30 años, le pide su autógrafo mientras le entrega un ejemplar de la revista Time con la cara de Bannon en portada. Confirmé que la fecha del Time es 13 de febrero de 2017. Bannon toma el bolígrafo con una sonrisa socarrona y pone su firma bajo el titular: "The Great Manipulator".[1]

Trump hace señas con las manos para que los asistentes regresen a sus asientos. Seguimos a Trump hasta la tarima. Veo que se nos ha unido Jared Kushner. Dos agentes de seguridad permanecen muy cerca del presidente. Hay sillas para todos, micrófonos de mano en cada silla y un podio al frente, con un llamativo cartel que dice en grandes letras rojas: DONALD TRUMP, MAKE AMERICA GREAT AGAIN.

---

[1]   La portada de la revista *TIME* del 2 de febrero de 2017 presenta la foto de Steve Bannon con el título de "El Gran Manipulador". El artículo de fondo lo escribe David von Drehle y se titula: "Is Steve Bannon the Second Most Powerful Man in the World?" (2 de febrero de 2017). Más recientemente la publicación *The Atlantic* le dedicó a Bannon un artículo que escribió Jennifer Senio y le llama el Rasputín Americano. En este artículo, Senio concluye que Steve Bannon mantiene una exagerada y peligrosa influencia en la democracia americana de hoy. *Véase, The Atlantic,* "American Rasputin: Steve Bannon is still scheming. And he's still a threat to democracy," por Jennifer Senio (Julio-Agosto 2022).

Parte II

Bannon o el poder de la retórica

TRUMP. — Bannon, mira quién llegó y quiere hablar contigo.

BANNON. — ¡El gran Sócrates redivivus! ¿En serio quieres dialogar con este mortal?

TRUMP. — Eso me ha dicho y creo que debemos complacerlo.

BANNON. — Lo complaceremos. ¿Cuál es el tema?

QUEREFÓN. — Si me permites, quisiera presentarme. Soy Querefón. Quisiera hacerte una pregunta.

BANNON. — ¿Cómo no? Para los que no lo reconocen, este caballero es el que tuvo los cojones de preguntarle al Oráculo de Apolo en Delfos si alguien era más sabio que Sócrates. El dios dijo que nadie, por voz de la Pitia. O al menos eso dice la historia conocida.

QUEREFÓN. — Conoces la historia. Quizás no sabes que cuando se lo conté a Sócrates, él no estuvo convencido y se dedicó a interrogar a todo el que decía saber sobre temas de la vida humana: la justicia, la Polis, la amistad, la política, la sabiduría práctica, la valentía, la retórica, el ser, el alma, el amor, la santidad y el origen del universo entre otras cosas. Con el tiempo Sócrates se fue dando cuenta de que su sabiduría consiste en ser el único que sabe no saber.

BANNON. — Leí algunos diálogos de Platón en la universidad. Algo de eso recuerdo. Siempre estaba la duda de cuánto era palabra de Sócrates y cuánto era de Platón. Ahora dime Querefón, ¿crees que el oráculo dijo la verdad?

QUEREFÓN. — Recuerda la advertencia de Heráclito: "El Señor cuyo oráculo está en Delfos, no dice, ni oculta la verdad, sino que indica el camino hacia la verdad".

BANNON. — ¿Tenías una pregunta? Adelante, dispara.

QUEREFÓN. — Es una pregunta sencilla. ¿Qué eres?

AGENTE DE SEGURIDAD. — Disculpen la interrupción, pero tenemos un mensaje importante. Recuerden que el uso de las cámaras, grabadoras, teléfonos móviles o cualquier otro instrumento de grabación está estrictamente prohibido. Este es un evento privado con la presencia del presidente Trump y sus asesores cercanos. Como saben todos firmaron un acuerdo de confidencialidad detallado que los obliga a mantener la confidencialidad y obedecer las reglas de no divulgación.

Agentes pasan por las filas recogiendo móviles.

Jared, que está sentado entre Bannon y Trump, toma un micrófono y se dirige a mí.

JARED. — Querefón, Bannon merece un descanso.

QUEREFÓN. — Yo lo veo bien.

JARED. — Yo puedo contestarte cualquier pregunta que tengas.

QUEREFÓN. — Mi pregunta es para Bannon.

JARED. — ¿Qué importa? Te puedo contestar igual.

QUEREFÓN. — Si estás tan deseoso de contestar, no te lo voy a impedir. Si Bannon fuera lo que es Taylor Swift, ¿cómo lo llamarías?

JARED. — ¿Cantante? ¿Autor? Cantautor.

QUEREFÓN. — Y si se dedicara al arte de Joaquín Phoenix. ¿Cómo lo llamarías?

JARED. — Actor.

QUEREFÓN. — Y si practicara el arte en que se destacó Mike Tyson. ¿Qué sería?

JARED. — Boxeador.

QUEREFÓN. — Entonces si Bannon no es actor, ni boxeador, ni cantante. ¿Qué es?

JARED. — Si te refieres al arte en el mismo sentido que ustedes los antiguos griegos llamaban *téchnē*, se trata de un arte que se relaciona con la dialéctica pues puede tratar de cualquier tema y es una vertiente de la política en cuanto ejerce poder sobre los demás.[2]

---

[2]   F. E. Peters, *Greek Philosophical Terms—A Historical Lexicon*, [NYU Press: Nueva York], 1967, 190: "*Generally speaking Plato has no theory of techne. As frequently happens, a word that ends in Aristotle as a*

QUEREFÓN. — ¿Cómo se llama?

JARED. — Sobre dicho arte han escrito Aristóteles, Cicerón, Quintiliano y muchos otros.

QUEREFÓN. — Sigo esperando tu respuesta.

JARED. — ¿No te queda claro?

QUEREFÓN. — Bannon, vas a tener que darnos una mano.

Bannon se pone de pie con una sonrisa relajada y las manos en la cintura.

BANNON. — La retórica.

QUEREFÓN. — ¿La retórica?

BANNON. — Sí.

QUEREFÓN. — La *retorika* fue una innovación en los tiempos en que yo vivía en Atenas. A sus practicantes les llamábamos *sofistas*. Los jóvenes de buenas familias atenienses se deslumbraban con los maestros de retórica como Protágoras y Gorgias. Eran tratados como estrellas de rock. Salvo Sócrates que no les compraba el cuento. ¿Se practica todavía?

BANNON. — Hoy día, la gran mayoría de la gente no le llama así. Prefieren nombres como estrategia política, "campaign management",

---

carefully defined and delimited technical term is still employed in Plato in a nontechnical and popular way. The contemporary usage of techne was to describe any skill in doing and, more specifically, a kind of professional competence as opposed to instinctive ability (physis) or mere chance (tyche)."

"branding", tecnología política, analítica del consumidor-votante, "expertise" en publicidad, medios sociales, propaganda digital, y así por el estilo. Todas estas prácticas, en conjunto, son parte de la retórica en estos tiempos, que es el arte que yo practico.

SÓCRATES. — Entonces, ¿eres un rétor?

BANNON. — Puedes llamarme así.

SÓCRATES. — Pero sugieres que la mayoría no te llamaría rétor. ¿Cómo te llaman entonces?

BANNON. — Estratega político, analista, ideólogo conservador, promotor del nacionalismo populista, "mega influencer" de derechas, gurú mediático del "alt-right", arquitecto del trumpismo. Cosas así.

JARED. — Rasputín. El Rasputín americano.

Bannon se ríe genuinamente. Jared permanece serio.

BANNON. — Así me llamaron en un artículo publicado por la revista *The Atlantic*. Nombres que pone la prensa "progre" para vender, avivar a los suyos y demonizarme.

SÓCRATES. — Mi objetivo no es demonizarte, sino entender quién eres en realidad. Para lograrlo propongo unas reglas simples y fáciles de seguir. Si pregunto, tu contesta del modo más conciso posible. Si me preguntas, yo contestaré de la misma forma. Ambos nos abstendremos de largos e ininterrumpidos discursos. ¿De acuerdo?

BANNON. — De acuerdo.

SÓCRATES. — Acordadas las reglas, vamos al tema. ¿Dónde practicas tu arte?

BANNON. — En Estados Unidos. Aunque también en otros países.

SÓCRATES. — ¿Por ejemplo?

BANNON. — En el Reino Unido, tengo a mi amigo Nigel Farage y su gente. En Latinoamérica tengo amigos. Milei en Argentina. Bukele en El Salvador. Bolsonaro en Brasil. Asimismo, tengo amigos y seguidores en Europa continental y en Asia.

SÓCRATES. — ¿Pones tu arte al servicio de cualquiera?

BANNON. — (*Sonríe con malicia*) No cualquiera puede pagar mis honorarios. Tengo una ONG que se encarga de mi operación internacional. Mi mensaje es serio y tiene apoyo global. El nacionalismo populista de derechas está en ascenso. Y en Estados Unidos vamos a darle dirección al mundo. Estamos en un momento de cambio en la historia. Este cambio viene cocinándose hace muchos años gracias a rétores que me precedieron. El MAGA no surgió de la nada. Hay muchos padres intelectuales de esto desde Giovanni Gentile hasta hoy. En Estados Unidos han sido los rétores los que han llevado la voz cantante: Pat Buchannan, Rush Limbaugh, Bill O'Reilly, Glenn Beck y más recientemente Tucker Carlson. Ellos allanaron el camino. Pero fui yo quien dio el paso decisivo con la elección de 2016 para inaugurar la Era de Trump. El MAGA, por exitoso que sea, tiene enemigos poderosos en las élites intelectuales y entre los cosmopolitas americanos. Esos son mis verdaderos enemigos.

SÓCRATES. — ¿Quiénes son tus enemigos?

BANNON. — Hay muchos. Los intelectuales de la izquierda *woke*, socialista y progresista. Los campeones de la corrección política. Las izquierdas utópicas. Soros y todos los activistas en su nómina. También los demócratas, los neoliberales y los "davistas".

SÓCRATES. — ¿Los davistas?

BANNON. — Me refiero al "Davos crowd" del World Economic Forum. Los agentes de la moribunda y decadente globalización neoliberal. Ese grupo de "con artists", multimillonarios y arribistas, que se reúne en las montañas de Davos todos los años para recrear el octavo círculo del Infierno de Dante donde penan los hipócritas, fariseos, estafadores, consejeros engañosos, corruptos y falsos profetas. Esos son mis enemigos.

Bannon hace una pausa para tomar agua de una botella plástica. Un agente de seguridad se le acerca a Trump y le dice algo al oído. Jared se inclina para escuchar. El semblante de Trump luce levemente azorado, pero de inmediato recobra la compostura.

SÓCRATES. — La *Divina Comedia* es una obra extraordinaria. En el octavo círculo del Infierno también sufren castigo eterno los aduladores.

BANNON. — (*Sonríe*) Pobre gente. Debe haber muchos *rétores* y activistas de la izquierda.

SÓCRATES. — Volvamos a la retórica. ¿Qué produce?

BANNON. — La retórica produce persuasión.

SÓCRATES. — Peito, la diosa de la persuasión es una deidad engañosa y seductora. En la mitología compiten dos historias. En una, Persuasión es hija de Afrodita, la diosa del amor erótico y la asiste en sus faenas. En la otra, Peito es hija de Ate, la diosa del error, del engaño y de lo irracional.

BANNON. — No creo en esos mitos.

SÓCRATES. — No tienes que creer en ellos para entender su valor. El olvido de los mitos es una gran pérdida para la humanidad. Pero discutir esto a fondo tomaría tiempo que no tenemos disponible. ¿Con la retórica, puedes convencer a uno solo o a millones a la vez?

BANNON. — A uno y a millones. Y sobre cualquier asunto que yo quiera, desde los más banales hasta los más importantes para la gente de un país y un pueblo entero.

SÓCRATES. — Vamos a precisar cuáles son los

asuntos de mayor importancia para la gente de Estados Unidos. ¿Te parece?

BANNON. — Me parece bien.

SÓCRATES. — Cuando estuvimos en Palm Beach, hace un rato, escuché una canción que viene al caso.

BANNON. — ¿Una canción?

SÓCRATES. — Sí, una canción. Le pregunté a unos amigos y uno de ellos, luego de consultar su móvil, me dijo que era de unas rapsodas que se llaman Yung Baby Tate y Flo Milli.

BANNON. —¿Yung y Flo?

SÓCRATES. — Sí. Me resultó tan reveladora la canción sobre lo que en este pueblo se consideran las cosas más importantes para la felicidad de una persona y el país entero, que hice un esfuerzo por recordar la letra, que es en inglés, por supuesto:

> *I am healthy,*
> *I am wealthy,*
> *I am that bitch (Yeah)*
> *...*
> *I am protected,*
> *well respected*
> *I'm a queen and*
> *I'm a dream.*

¿Qué te parece?

BANNON. — (*Ríe*) ¡Sócrates! Me has sorprendido. Pero no entiendo qué tiene que ver la canción.

SÓCRATES. — Préstale atención al orden de las cosas que se mencionan. Es una jerarquía de bienes.

BANNON. — ¿Qué tienen que ver con la retórica?

SÓCRATES. — Dijiste que la retórica puede convencer a muchos, sobre los asuntos más importantes. Esta canción se refiere a esos asuntos, en orden de prioridad. La salud primero. Segundo, la riqueza. Tercero, la libertad. Cuarto, la seguridad. Quinto, el respeto. Sexto, el poder. Por último, la belleza. ¿Estás de acuerdo que estos bienes son los más importantes para un ciudadano en Estados Unidos?

BANNON. — No lo niego. Y como rétor puedo convencer a cualquiera sobre cada uno de estos asuntos, mejor que nadie.

SÓCRATES. — Muy bien. He ahí el problema.

BANNON. — ¿Cuál problema?

SÓCRATES. — Dices que tu retórica es más persuasiva que el conocimiento científico, el arte y la sabiduría práctica de los expertos en cada uno de estos temas. En temas de salud, persuades mejor que el gran médico. En temas financieros, aunque no eres Warren Buffet, serás más persuasivo que él. En temas de seguridad nacional, aunque no eres un estratega militar probado, convences a la gente mejor que un gran general. ¿Notas cuál es el problema?

BANNON. — No veo ningún problema. Es cierto que la retórica no se ocupa directamente de sanar a un enfermo, o de crear riqueza o de desarrollar estrategias militares. Sin embargo, su poder de persuasión es tal que puedo convencer a millones de ciudadanos más efectivamente que el médico en temas de salud, que Warren Buffet en finanzas y que el estratega militar en temas de defensa nacional. Ese es el poder de la retórica que practico.

SÓCRATES. — ¿Cómo lo logras?

BANNON. — Los expertos pueden saber mucho de un tema, pero la retórica es el arte de persuadir a la masa.

SÓCRATES. — Entonces la persuasión de tu retórica no se basa en el conocimiento sino más bien en la ignorancia de la audiencia.

BANNON. — ¿A qué te refieres?

SÓCRATES. — Si el rétor debatiera con un experto en temas de seguridad nacional ante una audiencia conocedora como serían los miembros del Consejo de Seguridad Nacional, no serías más convincente, sabiendo menos que ellos. Pero ante una audiencia que es ignorante sobre temas de seguridad, podrías usar tus mañas y tu capacidad de manipulación para ejercer el poder de la persuasión.

BANNON. — No lo diría de esa manera.

SÓCRATES. — A ver si puedo comprender lo que has querido decir. Ante una audiencia ignorante y poco educada sobre un tema, el mayor bien que se le puede brindar es educarla. Para convencerla a base de conocimientos corroborables, habría que instruirla y sacarla de la ignorancia. Y quien mejor para educar al ignorante que los que más saben sobre un tema —los sabios, los expertos, los mejores exponentes de una ciencia o un arte. Sin embargo, a un rétor como tú no le interesa la educación de la audiencia, siempre que la pueda persuadir en beneficio de su candidato, su partido o su movimiento político. ¿Es esto lo que dices al hablar del poder de persuasión de la retórica?

BANNON. — Me parece que confundes la educación con la retórica.

SÓCRATES. — ¿De qué vale persuadir a una audiencia que carece de conocimientos sin preocuparte por educarla?

BANNON. — Vale mucho. Cuando los rétores hablamos de "educar" a la gente no nos referimos a la *Paideia* griega. Ni al *Bildung* alemán. Tampoco nos dedicamos a propagar el conocimiento científico prevaleciente, ni a enseñar la virtud moral o intelectual, ni al cultivo de las bellas artes. Eso se lo dejamos a gente sin poder: artistas, académicos, expertos, científicos y a filósofos como tú.

SÓCRATES. — Gracias por reconocerme como alguien sin poder. ¿Crees que educar no tiene que ver con el poder?

BANNON. — Sería un pésimo rétor si en lugar de persuadir y ganar el favor de la masa, me dedicara a educar. Y lo mismo le aplica a cualquier político que quiera ser exitoso.

SÓCRATES. — ¿No te parece que la educación es el bien mayor que debe esperar un ciudadano de la buena práctica política en una democracia?

BANNON. — No lo creo. Al consumidor-votante no le interesa que lo eduquen. Quiere que lo entretengan, que lo hagan sentir bien, que le hagan creer que siempre ha tenido la razón. Quiere que lo complazcan.

SÓCRATES. — ¿Crees que el consumidor-votante, como le llamas al ciudadano, no quiere que lo informen con datos corroborables, tener más conocimiento, conocer la realidad tal cual es y ser más educado sobre los temas que afectan su vida?

BANNON. — No. Quiere que lo entretengan, le validen sus sentimientos, que le eviten el dolor de comprender su ignorancia y que le digan cosas que le dan placer. Esto la retórica lo comprende perfectamente.

SÓCRATES. — Describes al ciudadano-consumidor-votante como a un niño, sometido a sus emociones inmediatas y sus pasiones irreflexivas, ajeno al ejercicio de la razón y el pensamiento crítico.

BANNON. — Así es. Por esta razón, la retórica tiene un poder de persuasión superior a cualquiera otra de las artes o de las ciencias, sea la que sea.

SÓCRATES. — Parece que la capacidad de persuasión del rétor resulta entonces de una combinación de factores que afecta a la audiencia. La ignorancia, la falta de reflexión, el pobre ejercicio de la capacidad de razonar y la hábil manipulación psicológica del rétor. ¿Estás de acuerdo?

BANNON. — Sí. Así son las cosas en la vida real.

SÓCRATES. — Esa es la manera en que la retórica se impone a otras artes en materia de persuasión. Pero la persuasión es un medio hacia un fin. Se persuade para lograr algo. ¿Cuál es ese fin último de la retórica?

BANNON. — Esa es fácil. El poder.

SÓCRATES. —¿El poder?

BANNNON. — Así es.

SÓCRATES. — Opinas que la retórica tiene como fin el poder. ¿Cómo se relaciona, entonces, con el arte de la política?

BANNON. — La retórica es una vertiente de la política y por ello siempre van de la mano.

Se apoyan la una a la otra.

La retórica emplea técnicas de estrategia política, propaganda, mercadeo, manejo de imagen, "branding", desarrollo y control de mensajes, medios sociales, entre otras prácticas relacionadas. Mediante el acceso a "big data" se pueden conocer los hábitos de consumo electrónico de millones de personas e influenciarlos con gran efectividad. Los "medios sociales" y los servicios de búsqueda —Facebook, Instagram, Google, Bing, Twitter, Tik-Tok— son una cantera de información para conocer las vulnerabilidades psicológicas de la gente y maximizar la capacidad de persuasión, influencia y control.

Esta es la nueva frontera de la política. ¿Has escuchado de Cambridge Analytica?

SÓCRATES. — No. ¿Qué es?

BANNON. — Para comprender el resultado de las dos elecciones históricas del 2016: 1) la victoria de Trump en Estados Unidos; y 2) el triunfo de Brexit en el Reino Unido, es indispensable conocer lo que significó Cambridge Analytica, con respecto a las técnicas de elaboración de perfiles psicológicos del votante, "psychological profiling" y "psychological targeting". Con la información de millones y millones de usuarios de Facebook, sin que ellos lo supieran, se crearon sofisticados perfiles psicológicos para influir en su pensamiento y manipular sus posiciones y acciones políticas. Esto se reforzaba con anuncios y mensajes políticos a la medida de sus prejuicios, deseos y vulnerabilidades psicológicas.

Esa nueva frontera de la influencia y del poder de la retórica ahora llega a la era de la inteligencia artificial que puede penetrar todos los espacios de la actividad humana. No hay donde resguardarse. Vivimos en un planeta en el que todo el mundo está conectado, desde donde quiera, las veinticuatro horas, los siete días de la semana. La retórica con la inteligencia artificial llegará a la cima de su poder. Y todo gracias a un grillete digital que la gente carga y no suelta voluntariamente: el teléfono móvil.

¿Ahora comprendes el poder extraordinario del rétor en estos tiempos?

SÓCRATES. —¿La retórica es tan poderosa en la democracia como en los otros regímenes políticos?

BANNON. — La retórica es una herramienta indispensable para la adquisición y el ejercicio del poder, no importa si se trata de la democracia en América y Europa, del despotismo ruso o del comunismo chino. El político, sea donde sea, no puede prescindir de la retórica.

A ella recurren tanto Xi Jinping y Vladimir Putin como Zelenskyy. Tanto Joe Biden y

Bernie Sanders, como Trump. Tanto Sánchez como Macron. Tanto Bukele como López Obrador. Toda persona con poder político, sin excepción, es, de una u otra forma, devoto de la retórica.

SÓCRATES. — ¿Y los tiranos la usan igual?

BANNON. — Los tiranos son de los más entusiastas aficionados de la retórica. El mejor ejemplo es el de Adolfo Hitler, quien entendía mejor que nadie estas cosas. Y lo dijo en el *Mein Kampf*:

"Con el uso astuto y persistente de la propaganda, la gloria se le puede presentar a la gente como el infierno, y la vida más miserable como el paraíso."

Hitler transformó una democracia disfuncional y caótica en una tiranía efectiva y funcional, en gran parte, por el poder extraordinario de su retórica. El siglo xx fue un gran siglo para la retórica. Lenin, Churchill, Hitler, Stalin, Mao, FDR, Kennedy y Reagan, todos eran maestros de mi arte.

Considera el caso de Winston Churchill en la Segunda Guerra Mundial que, como dijo Murrow, movilizó el idioma inglés y lo envió al campo de batalla. Ese es el poder de la retórica.

SÓCRATES. — Si la retórica que tú practicas no educa, ni hace más sabio al ciudadano, ni lo hace más justo, ni más sensato, ¿en qué le beneficia a un ciudadano estar bajo el influjo de dicha retórica?

BANNON. — Si me lo permites, te contesto con un ejemplo.

SÓCRATES. — Con tal de que contestes, no tengo objeción.

BANNON. — John F. Kennedy ganó las elecciones presidenciales en el 1960, a pesar de que se enfrentó alguien con más experiencia y muy superiores conocimientos sobre el gobierno. Kennedy tenía pinta de galán y una gran capacidad retórica, apoyada por la abultada billetera de su papá, Joe Kennedy.

¿Cómo pudo Kennedy ganarle a Nixon?

SÓCRATES. — Tú me lo dirás.

BANNON. — La clave está en su retórica, superior a la de Nixon.

SÓCRATES. — No me has dicho cuál es el beneficio para el ciudadano de Estados Unidos.

BANNON. — A eso voy.

BANNON. — Kennedy ganó las elecciones. De inmediato se dio a la tarea de construir la mitología de Camelot en Casa Blanca.

SÓCRATES. — Todo eso que me cuentas fue bueno para que JFK ganara las elecciones, pero no has contestado la pregunta.

BANNON. — A eso voy. El año es 1961. Su mensaje inaugural. *"Ask not what your coun-*

try can do for you—ask what you can do for your country." Su impacto fue enorme. Es irónico que hoy los demócratas se han convertido en un culto a la corrección política, el socialismo utópico y toda una fofa ideología *woke*, que hace lucir a Kennedy como un conservador republicano. Los demócratas ya no se atreven a hablar de patriotismo, ni de sacrificio, ni de cómo cada ciudadano tiene un deber con su país. Este es el espacio que ha venido a llenar el trumpismo y el MAGA. Perdona la digresión. Precisamente en el 1961 Yuri Gagarin se convirtió en el primer ser humano en trascender la atmósfera terrestre en una nave espacial. Un cosmonauta soviético logra, con tecnología soviética, lo que Estados Unidos no había podido lograr.

Kennedy comprendió la oportunidad y en 1962 proclamó ante el mundo un mensaje unificador y espectacular:

"We choose to go to the moon."

Una aspiración organizadora de las energías emocionales, intelectuales y morales de Estados Unidos. ¿El objetivo? ¡Ganar! En esos tiempos, Estados Unidos no se avergonzaba de competir y, sobre todo, de ganar. Aprendí de memoria las palabras de Kennedy:

"Escogemos llegar a la Luna y hacer otras cosas, no porque sean fáciles, sino porque son difíciles, porque ese objetivo servirá para organizar y medir lo mejor de nuestras energías y capacidades, porque es un reto que estamos dispuestos a aceptar, un reto que no estamos dispuestos a posponer y un reto en el cual tenemos la intención de GANAR."

¡Qué mensaje extraordinario! Ese es el llamado de Kennedy al pueblo americano y con él, al mundo entero de principios de los años sesenta.

Me preguntas, ¿cómo la retórica beneficia al ciudadano? Gracias a la retórica de Kennedy, cada ciudadano fue mejor. El país fue mejor. Estados Unidos fue grande gracias a ella y gracias a ella llegamos primero que nadie a la luna.

SÓCRATES. — Si dices que fue mejor, puedo pensar que el pueblo se hizo más bueno, más sabio, más justo, más virtuoso, más noble, más admirable y feliz, pero no quiero asumir nada, ni busco poner palabras en tu boca. Dímelo tú, ¿a qué te refieres cuando dices que mejoró al ciudadano y al país?

BANNON. — La retórica de Kennedy hizo que Estados Unidos se hiciera más fuerte económica y militarmente. Más poderoso y exitoso.

Cuando Trump habla de la grandeza de Estados Unidos —"MAKE AMERICA GREAT AGAIN" (MAGA)— no se refiere a que los ciudadanos individualmente mejoren su carácter, su sabiduría, su sentido de justicia o sus virtudes morales. Se refiere a acrecentar el poder de Estados Unidos y de su líder, para poder defenderse de sus enemigos, proteger al pueblo y hacer grandes cosas.

SÓCRATES. — ¿La retórica utilizada por Kennedy, le hizo un bien a Estados Unidos?

BANNON. — No es poca cosa que en toda la historia la primera bandera que se plantó en la luna fue *"Old Glory"* —nuestra bandera americana. No la soviética, ni la china, ni la francesa, ni la británica, ni la bandera de la ONU. Esto es grande para cualquier americano. Esto es un bien incuestionable.

Permíteme compartir otro ejemplo. Ronald Reagan.

SÓCRATES. — Por favor, continúa.

BANNON. — Gracias a su poder retórico, cayó el Muro de Berlín, facilitó el fin del imperio soviético y el triunfo de América en la Guerra Fría. Quién no recuerda el discurso en Berlín:

"Mr. Gorbachev, tear down this wall."

Es un error limitar su extraordinario impacto en la historia contemporánea, a esta frase. Fue toda una campaña y una estrategia de propaganda tan efectiva que provocó lo impensable: la caída del Muro de Berlín.[3] Igual que Kennedy, Reagan ya no era presidente cuando se logró la meta que se había trazado. En 1989 cayó el Muro, a un año de su salida como presidente.

Es evidente el beneficio para el pueblo americano el haber estado bajo la influencia de la retórica política de dos grandes presidentes: Kennedy y Reagan.

SÓCRATES. — La retórica, según la describes, parece tener un poder irresistible. ¿No es así?

BANNON. — Así es.

SÓCRATES. — Qué pasaría si un experto en salud, digamos un médico experimentado, contradice al rétor en un debate sobre un tema de medicina que el médico conoce y domina. ¿No te parece que el médico, quien conoce de ese tema mejor que el rétor, tiene las de ganar en un debate?

BANNON. — De ninguna manera. Un buen rétor será más persuasivo que el médico, aunque el tema sea de medicina.

SÓCRATES. — ¿Cómo puede ser?

BANNON. — Contestaré con un ejemplo.

SÓCRATES. — Recuerda ser conciso en tus respuestas.

---

[3]   Romesh Ratnesar, *Tear Down this Wall: A City, a President, and a Speech that Ended the Cold War* [Simon & Schuster: Nueva York], 2009.

BANNON. — Haré lo posible por ir al grano. El ejemplo trata del doctor Anthony Fauci, epidemiólogo del Estado, durante el debate público sobre cómo enfrentar la pandemia del COVID 19. Trump tenía una opinión distinta, ajena al conocimiento médico prevaleciente.

El pueblo americano se dividió en líneas ideológicas, sobre la vacunación. El pueblo no quería conocer la verdad. Sólo quería tomar partido e imponerse a los contrarios. Decenas de millones de ciudadanos le hicieron más caso a Trump que a los médicos. A Trump, que sabe de medicina lo que puede saber un magnate de bienes raíces, convertido en celebridad televisiva.

SÓCRATES. — ¿Trump es un gran rétor?

BANNON. — El mejor de nuestros tiempos. Trump tiene un entendimiento claro de las sensibilidades y los prejuicios del consumidor-votante americano. Dije una vez que era Archie Bunker y Tiberio Graco.

SÓCRATES. — ¿Qué quieres decir con eso?

BANNON. — Se lo conté a Bob Woodward y él lo dice en su libro *Fear*.[4] Cuando conocí a Donald Trump en el año 2010, quedé im-

---

[4] Bob Woodward, *Fear: Trump in the White House* [New York: Simon & Schuster], 2018, 25. ("*Repeating the impression he'd formed six years earlier when he first met Trump in 2010, Bannon said, 'Literally, I've got Archie Bunker...He's Tiberius Gracchus.'*")

presionado. Lo que me vino a la mente fue que este hombre es una mezcla de Archie Bunker y Tiberio Graco.

Archie Bunker es el votante blanco, de clase media, asalariado o trabajador por cuenta propia, cristiano o ateo con sentido común, individualista pero orgulloso de ser americano. Un nacionalista sin mucha educación. Que sospecha de las élites educadas, del extranjero y del gobierno.

SÓCRATES. — ¿Tiberio Graco?

BANNON. — Ya sabes que Tiberio fue un político astuto que representó a la plebe romana con una agenda populista, a pesar de haber sido un niño rico y de privilegio en una de las grandes familias nobles de la antigua Roma. Se le recuerda por su reforma agraria que le quitó tierras a los ricos para dárselas a los pobres.

Ahí tienes a Trump. Un híbrido entre Archie Bunker y Tiberio Graco.

SÓCRATES. — ¿Cuan poderosa es la retórica de Trump entre sus votantes y seguidores?

BANNON. — Irresistible.

SÓCRATES. — ¿Dirías lo mismo de tu habilidad retórica?

BANNON. — Pues hasta cierto punto sí. No me veo en competencia con Trump. Soy su complemento. Me atrevo a decir que soy uno de los padres del trumpismo. No tengo duda de mi capacidad de moldear la conducta y el pensamiento de los seguidores de Trump. Y más que eso, de llevarlos a la acción.

SÓCRATES. — Y tu poder de convencimiento aplica a temas políticos y electorales. ¿Cierto?

BANNON. — Por supuesto. Creo que al fin has entendido lo que te llevo diciendo.

SÓCRATES. — Decías que la retórica de Kennedy y de Reagan benefició a los ciudadanos de Estados Unidos y a todo el país colectivamente.

BANNON. — Absolutamente.

SÓCRATES — Si fue tan beneficiosa, ¿deberíamos aplaudir y admirar a los políticos que usaron la retórica de ese modo?

BANNON. — Claramente.

SÓCRATES. — Habría que explicar en qué consistió su beneficio. Si la retórica provoca que los ciudadanos se vuelvan peores, más crueles, cobardes, injustos, viciosos y desvergonzados, esto es un daño y no un beneficio. ¿De acuerdo?

BANNON. — Sí.

SÓCRATES. — Si como producto de la retórica y la manipulación política un ciudadano actúa con maldad e injusticia, de modo que se perjudica a sí mismo y a su país, ¿no debería el rétor ser juzgado y condenado por haber convencido a ese ciudadano de actuar así?

BANNON. — Me parece que sí.

SÓCRATES. —¿No deberían los rétores responder por los daños que su retórica causa al pueblo y al Estado?

BANNON. — Espera un momento. Hay que tener cuidado, Sócrates.

SÓCRATES. — ¿Cuidado?

BANNON. — Sí. Cuidado con las generalizaciones muy amplias. Aquí toda persona, sea político o rétor goza de la presunción de inocencia. Y tenemos que proteger la libertad de expresión.

SÓCRATES. — Esa presunción es rebatible. Según tus propias palabras, el poder que ejerce la retórica en la mente y la conducta de los ciudadanos es tan grande que es casi irresistible. Lo justo parece ser que los rétores respondan ante la ley y el pueblo por los efectos dañinos de su poder de persuasión. ¿No estás de acuerdo?

BANNON. — No puedo estarlo.

SÓCRATES. — A ver. ¿Dirías que Osama bin Laden fue un buen rétor?

BANNON. — Sin duda.

SÓCRATES. — ¿Cómo lo describes?

BANNON. — Sé que su padre era un billonario

yemení que hizo fortuna en Arabia Saudita al amparo de la Casa de Saud, la familia real. Su compañía se dedicaba a hacer grandes proyectos públicos.

SÓCRATES. — ¿El padre de Osama fue un *"selfmade man"* o heredó fortuna?

BANNON. — *"Selfmade"*. Hizo sus propios millones en la industria de la construcción.

SÓCRATES. — Entonces Osama nació en cuna de oro.

BANNON. — Así es.

SÓCRATES. — Eso explica, tal vez, por qué era más amante del poder político que del dinero. Los que hacen su propia fortuna, se apegan al dinero y le desarrollan un amor tal a las riquezas que no les queda espacio para amar otras cosas. En cambio, los que nacen ricos, le tienen menos apego a la riqueza y aprenden a amarse más a ellos mismos que al dinero. Y muchos de ellos ven el dinero como un medio para saciar sus deseos de fama o poder. ¿Crees que es el caso de Osama bin Laden?

BANNON. — Creo que sí. Luego de una educación en manejo de negocios, terminó montando una empresa terrorista en la que era profeta, propagandista, organizador comunitario, tesorero, "fundraiser", estratega y rétor principal. Le llamó a esta empresa Al-Qaeda que significa "la Base" en árabe.

Con sus tácticas de manipulación y sus estrategias de convencimiento se convirtió en uno de los líderes más influyentes y peligrosos en el mundo islámico. Su manipulación y capacidad de persuasión mediante la retórica de guerra santa desembocó en muchos ataques terroristas, culminando con la tragedia de septiembre 11 de 2001.

SÓCRATES. — ¿Crees que la retórica usada por Osama bin Laden causó la muerte de personas inocentes dentro y fuera de Estados Unidos?

BANNON. — Sin duda.

SÓCRATES. — ¿Crees que la retórica de Osama bin Laden le causó graves daños a sus propios seguidores?

BANNON. — Sin duda.

SÓCRATES. — ¿Lo mismo opinas de la retórica de Adolfo Hitler?

BANNON. — Por supuesto. Hay una diferencia importante. Hitler fue presidente y el líder de Alemania, electo en un proceso democrático con el voto de la mayoría de sus conciudadanos. Con maña, se supo posicionar como el salvador de un país golpeado, deprimido y en caos político. Aprovechando el río revuelto de la República de Weimar, persuadió a los empresarios, a ciertos políticos y luego a la gran mayoría del pueblo alemán hasta consolidar su poder y convertirse en el

Fürher. Convirtió a una democracia en una tiranía belicista, orientada por la ideología del racismo biológico Nazi.

SÓCRATES. — Algunos de tus seguidores del *alt-right* simpatizan con esas ideas y admiran al viejo tirano. ¿Todavía los seduce la retórica del autor de *Mein Kampf*?

BANNON. —No lo sé. Lo cierto es que Hitler hizo grandes cosas a favor de Alemania.

SÓCRATES. — ¿Como qué?

BANNON. — El Autobahn. La modernización y la prosperidad económica que impulsó. El innegable poderío militar de Alemania. El entusiasmo y la energía popular, fruto de un renovado sentido de orgullo nacionalista y patriótico. Todo eso podría decirse.

SÓCRATES. — Pero nada de eso borra el efecto nocivo y el grave daño que su retórica tuvo en el alma de los alemanes. ¿De acuerdo?

BANNON. — De acuerdo. Su ideología racista contra el pueblo judío es imperdonable. Esto lo llevó a la ruina. A él y a su pueblo.

SÓCRATES. — Su retórica hizo a muchos de sus conciudadanos más crueles, más injustos, más violentos, más desmesurados, más ignorantes y a su propio pueblo lo hizo más desdichado. ¿De acuerdo?

BANNON. — Sí. Pero Hitler fue más que un tirano cualquiera. Como dijo Trevor-Roper, fue el Rousseau, el Mirabeau, el Robespierre y el Napoleón de su revolución. Su Marx, su Lenin, su Stalin y su Trostky. Quizás esto te suene exagerado, pero no podemos ignorar las alturas que alcanzó este hombre, antes de su caída. El historiador alemán Joachim Fest se atreve a decir algo que suena escandaloso, pero me parece incuestionable. Si Hitler hubiese muerto en un accidente o lo hubiese asesinado un fanático en el 1938, pocos hoy le negarían un puesto entre los grandes líderes políticos del siglo xx. *Mi Lucha* y su racismo se considerarían hoy como una excentricidad o un error de juventud.

SÓCRATES. — Dicho todo esto, con su poder retórico Hitler causó terribles daños a sus conciudadanos, a su país, a pueblos enteros y al mundo. ¿Estás de acuerdo?

BANNON. — De acuerdo.

SÓCRATES. — ¿Todavía te parece injusto culpar al rétor por los daños que causa la persuasión de su retórica?

BANNON. — Todo depende de si su retórica se usa para bien o para mal.

SÓCRATES. — En esto estamos de acuerdo. Sin embargo, hace un rato explicabas el poder extraordinario de la retórica sin mencionar que su valor depende de esta distinción entre lo bueno y lo malo. Y no hemos podido comenzar a auscultar cómo distinguir entre el bien y el mal, lo justo y lo injusto, lo admirable y lo vergonzoso, en la retórica o en la política. Veamos cómo se aplica a un caso particular.

Hablemos del 6 de enero de 2021.

BANNON. — ¿Qué del 6 de enero? Si te refieres a lo que pasó en el Capitolio, eso es una noticia vieja, superada.

SÓCRATES. — Si te parece bien, sigamos como hasta ahora. Pregunta y yo contesto o yo pregunto y tú contestas. Si quieres rectificar algo, hazlo. Si quieres corregirme, corrígeme.

BANNON. — No tengo nada que rectificar. Sólo que no sé por qué traes un tema tan controversial y divisivo a esta conversación. Pero bueno, adelante. ¿Qué quieres saber que ya no se ha dicho sobre el 6 de enero?

SÓCRATES. — ¿Crees que los ciudadanos que atacaron el Capitolio ese día 6 de enero de 2021 actuaron mal, injusta y vergonzosamente?

BANNON. — Creo que sí. Eso ha sido objeto de múltiples casos federales. No es un secreto.

SÓCRATES. — No me interesa lo que se ha dicho en esos casos. Sólo me interesa conocer tu opinión de lo que ocurrió. Hace poco describías la retórica como la herramienta más poderosa de un político para manipular y controlar los pensamientos, sentimientos y las acciones de sus seguidores.

¿Niegas que lo que ocurrió allí el 6 de enero fue provocado por tu retórica?

BANNON. — Lo niego.

SÓCRATES. — Decías que podías convencer a muchos ciudadanos sobre cualquier tema. Y que, para los más fieles seguidores de Trump, el poder retórico que tú y él ejercen es prácticamente irresistible. ¿Cómo pudieron actuar el 6 de enero de 2021, ajenos e impermeables a tu poder retórico?

BANNON. — Cada persona es un mundo. El ser humano es complejo y muchas veces impredecible.

Trump le ha hecho señas a uno de los agentes de seguridad. Bannon lo mira en silencio y pausa, mientras Trump le habla al oído del agente. Bannon aprovecha para tomar un sorbo de su botella de agua y se queda mirando hacia el piso como tratando de encontrar sus propios pies. Se rasca un lado de la cabeza y prosigue, ahora con un tempo más lento, en un tono más bajo y enunciando las palabras con mayor cuidado.

BANNON. — Dime Sócrates: ¿Por qué debo yo responder por lo que otros hicieron aquel 6 de enero de 2021? Pregúntale a ellos si quieres saber qué los motivó a actuar como lo hicieron.

SÓCRATES. — Cuando explicaste que la retórica es la más poderosa de las artes en materia de persuasión, puesto que se alimenta de las emociones más fuertes del fanático, sabe manipular las pasiones irreflexivas y puede entretener y dar placer a la audiencia, no mencionaste nada de los límites de su poder. Se presentaba tan poderosa y arrolladora que los ciudadanos parecían no tener libertad, ni capacidad de zafarse de su embrujo. Sin embargo, ahora has puesto en duda dicho poder, que al parecer se debilita ante lo complejo e impredecible del mundo que es cada individuo.

Creo que has abierto la puerta a un entendimiento distinto de la retórica y su carencia de poder. Persuadir es difícil, sobre todo si se pretende hacer sin apoyarse en datos corroborables, sabiduría, conocimientos científicos o la práctica de un arte cuyo fin es producir un bien. ¿No será que la retórica es menos persuasiva y mucho menos poderosa de lo que antes decías?

BANNON. — Me tienes confundido. Has hecho un enredo, Sócrates. No sé qué decirte.

SÓCRATES. — Ayúdame a aclarar tu opinión y a resolver esta contradicción. ¿Has cambiado de parecer sobre el poder extraordinario que ejerce la retórica sobre el pueblo?

BANNON. — Te confieso que ha sido una larga jornada y estoy cansado.

SÓCRATES. — Espero que no te detengas ahora. Sin tu cooperación, no podemos continuar explorando en qué consiste la retórica y sus verdaderos efectos en la vida de los ciudadanos.

BANNON. — Continúa, Sócrates.

SÓCRATES. — Lo cierto es que no hemos avanzado mucho en nuestro propósito de dilucidar cuál es la verdadera naturaleza de la retórica. Por tanto, no estamos en posición aún de saber cómo podría utilizarse, si es que se puede, para vivir bien, con nobleza y justicia. O si, siendo esencialmente una técnica engañosa, la retórica nunca puede ser justa y buena. Por otro lado, queda en entredicho su poder de persuasión, puesto que parece mucho menos capaz de cambiar el pensamiento y la conducta de la gente.

Si tuviéramos tiempo para dilucidar esto, tendríamos que explorar qué es eso que llamamos lo bueno, lo justo y lo admirable con respecto a la retórica. Y si eso tiene algo que ver con la vida buena, aquella que merece ser vivida. Al detenernos ahora, estos temas se quedarán pendientes para una futura ocasión.

BANNON. — De acuerdo, mejor dejar todo eso para otra ocasión. La verdad, me ha caído el cansancio encima.

El público expresa desaprobación. Algunas voces reclaman que siga el debate.

SÓCRATES. — El cansancio se agudiza cuando

surge una contradicción y te resistes a resol-
verla. Es agotador para cualquiera mantener
opiniones encontradas. Por ello, muchos
diálogos quedan sin terminar.

QUEREFÓN. — Bannon, si abandonas el diálogo ahora, corres el riesgo de parecerte a esos
charlatanes itinerantes que vendían aceite de
serpientes (*snake oil*). Aquellos que iban de
pueblo en pueblo, proclamando las cualidades milagrosas de su producto, para luego de
venderlo salir corriendo a toda prisa, no fuera que alguien descubriera su estafa.

*Bannon se mantenía en silencio y buscaba cómo salir del diálogo
de la forma menos vergonzosa posible. Trump se pone de pie.*

TRUMP. — El pobre Bannon se ha enredado
al final y merece un conteo de protección.
La buena noticia es que Jared tiene deseos
de entrar en el ruedo. Jared es un tipo listo
y está descansado. Seguro que aclarará algunas cosas que merecen aclaración. Algo
debe tener, aunque no sea obvio, para haber
convencido a Ivanka de casarse con él.[5]

Risas del público.

---

[5] *"In the path to becoming Donald Trump's favorite, Kushner suf-
fered his father-in-law's sadistic jibes. The president liked to joke about how
he considered Kushner an inadequate spouse for his daughter. He would
muse about how he wished Ivanka had married the quarterback Tom Brady.
("I love Jared, but he can't throw a 70-yard spiral rolling to his left.") There
was often the implication that Jared was somehow insufficiently manly."*
www.theatlantic.com/politics/archive/2020/08/how-jared-kushner-be-
came-trumps-most-dangerous-enabler/615169/.

Ahora le paso el micrófono a un tipo que sabe cómo funcionan las cosas en el mundo real. Jared Kushner.

PÚBLICO: *Aplauso.*

Parte III
Jared o el indiscreto encanto de la tiranía

Jared, al escuchar su nombre, se puso de pie y caminó lentamente hacia el podio, mientras se abrochaba un botón de su "skinny suit" azul. Buscó a Trump con una mirada de agradecimiento y complicidad. Su vestimenta impecable y su expresión melancólica contrastan con el aspecto desaliñado y la simpatía diabólica de Bannon.

Sócrates se ve a gusto y relajado en su cómoda túnica de lana y sandalias de cuero que a veces se quita para caminar descalzo.

JARED. — Sócrates, ¿en serio pones en duda el tremendo poder de la retórica?

SÓCRATES. — No te he dicho mi opinión de la retórica. Hasta ahora lo único que he hecho es auscultar la opinión de Bannon. Ha sido él quien ha puesto su poder en entredicho. Ahora no estoy seguro si es una maña poderosa o una farsante sin poder.

JARED. — Aprovechaste su cansancio y se dejó confundir por tus preguntas.

SÓCRATES. — Tengo la fortuna de que estás aquí, querido Jared, descansado, lleno de energía y con la disposición de corregirme.[6] Solo te pido una cosa.

JARED. — ¿Qué cosa?

---

[6]   Sobre la ironía véase Pierre Hadot, *¿Qué es la Filosofía Antigua?* [México: Fondo de Cultura Económica], 1998, 38: "Sócrates tomará, él mismo, la actitud de alguien que no sabe nada, es decir, la de la ingenuidad. Es la famosa ironía socrática: la ignorancia fingida, el semblante cándido, con el cual, por ejemplo, indagó para saber si alguien era más sabio que él".

SÓCRATES. — Sigamos las reglas del diálogo que ya establecimos y evitemos los discursos largos.

JARED. — ¿Por qué?

SÓCRATES. — No es por capricho. Las respuestas cortas ayudan a despejar dudas y me sacarás de cualquier error en que me encuentre. El discurso largo e ininterrumpido tiende a confundir más que a dejar claras las cosas.

JARED. — ¿Qué tal si yo pregunto primero y tú respondes?

SÓCRATES. — Adelante, pregunta lo que quieras. Ahora bien, si quieres que te conteste con un largo discurso, te advierto que esa no es mi manera.

JARED. — Contesta como quieras, con tal de que contestes mis preguntas.

SÓCRATES. — Pregunta.

JARED. — ¿En qué consiste el arte de la retórica?

Uno de los agentes de seguridad interrumpe a Jared y le pasa un papel. Jared lo lee mientras se escucha un murmullo del público.

JARED. — La seguridad nos informa que en las afueras de Mar-a-Lago se ha formado una protesta. La situación está bajo control. Nada de qué preocuparse. Sin embargo, recomiendan que no salgamos de esta zona hasta nuevo aviso.

Ahora volviendo al diálogo, por fin dinos

Sócrates, ¿qué piensas de la retórica?

SÓCRATES. — La retórica no es un arte.

JARED. — ¿No es un arte? ¿Qué es entonces?

SÓCRATES. — Una técnica de manipulación, una maña engañosa, que ustedes utilizan para influenciar la conducta y tratar de controlar la mente de la gente.

JARED. — El propio Aristóteles la reconoció como un arte. Es el arte de la persuasión sobre cualquier tema de interés público que requiere deliberación. Por ello la reconoció como parte de la política.

SÓCRATES. — Aristóteles no se equivoca a menudo. Pero a menudo lo leen y lo interpretan equivocadamente.

JARED. — Explícate.

SÓCRATES. — Si la retórica persuade con medios engañosos y con fines injustos, no puede llamarse un arte, puesto que por definición todo arte persigue un bien. Y esto lo sabía Aristóteles. El arte de la medicina, por ejemplo, persigue un bien: la salud del paciente. Sin embargo, la retórica que ustedes practican no produce un bien, ni para el ciudadano, ni para el rétor que la domina. Por eso, no la puedo reconocer como un arte.

JARED. — ¿Crees que los grandes rétores no salen bien gracias a su retórica?

SÓCRATES — Creo que no, en la medida en

que sus actos sean vergonzosos, injustos y malos. La manipulación, la distorsión de la realidad, el engaño y la explotación de las pasiones irracionales, como medios para para dominar a los demás, son acciones vergonzosas, injustas y dañinas para el ciudadano y el país. Y si el fin último es el poder, será un poder ilegítimo, injusto y dañino.

JARED. — Debes admitir que no todo lo que produce la retórica es malo. Por ejemplo, la retórica produce placer para la audiencia. Y ese placer es un bien indiscutible.

SÓCRATES. — No has demostrado que ese placer sea un bien o les haga bien a quienes lo disfrutan. Hay cosas muy placenteras que causan daños terribles y destruyen la vida. Y hay cosas dolorosas y desagradables que nos producen bien, como pasa con muchos tratamientos médicos. No todos los placeres son buenos y no todos los dolores son malos. Y ya dejamos establecido que la retórica según la practicas, mientras más ignorante permanezca la audiencia, más efectiva es en su capacidad de persuadir con engaños y medias verdades. Por ello, ha quedado muy claro, el rétor no persigue educar, sino manipular. No busca revelar la verdad, sino ocultarla o maquillarla de modo que sea irreconocible.

JARED. — Si somos honestos, el placer siempre es bueno. Y el dolor es malo. La vida buena consiste en maximizar el placer y evitar el dolor.

SÓCRATES. — Veamos esta idea aplicada a un caso conocido. Tomemos el caso de la industria de alimentos ultra-procesados.[7] ¿Crees que estas comidas utraprocesadas (UPFs) producen un bien en quienes las consumen?

JARED. — Sin duda. Lo primero es que están disponibles por todas partes, en supermercados, gasolineras, farmacias, por Amazon, de modo que son siempre accesibles. Segundo, se venden a precios relativamente bajos. Tercero, proveen calorías. Cuarto, están listos para consumirse de inmediato. Quinto, tienen tan buen sabor que generan el deseo de consumir a veces más de la cuenta. Por esto son la fuente principal de alimentación de millones de personas en ciudades y comunidades en Estados Unidos y muchas partes del mundo.

Se trata de una industria multi-billonaria, con un impacto enorme en la economía global, que crea muchos empleos y genera el pago de impuestos. La venta de comidas ul-

---

[7]   Para más información sobre alimentos ultraprocesados, véase: https://ufhealth.org/news/2023/ultra-processed-foods-cookies-chips-frozen-meals-and-fast-food-may-contribute-cognitive#:~:text=Ultra%2Dprocessed%20foods%20tend%20to,alcoholic%20beverages%20and%20fast%20foods.

traprocesadas genera múltiples bienes, sobre todo placer, para sus ávidos consumidores.

SÓCRATES. — Hace unas décadas podías haber dicho lo mismo de la industria del cigarrillo. Es incuestionable que, al fumador habitual, el fumar le produce placer. Apoyado por la propaganda, los medios de comunicación y el gobierno, las tabacaleras vendían sin freno, a pesar de ser un producto extremadamente perjudicial para la salud.

¿No crees que la gente consume esos alimentos ultraprocesados asiduamente porque ignora sus efectos nocivos?

JARED. — La gente consume estos productos libremente porque les da placer.

SÓCRATES. — Dime Jared, ¿conoces tú los efectos nocivos de estos productos ultraprocesados?

JARED. — Claro que los conozco. Yo me he preocupado por estudiar y enterarme sobre lo que es saludable y lo que es perjudicial para mi cuerpo. Hay estudios científicos muy bien hechos que documentan los hábitos alimenticios de millones de personas y sus múltiples efectos a través de la vida.

SÓCRATES. — ¿Qué has aprendido de estos estudios y de tu experiencia?

JARED. — La evidencia científica no deja lugar a dudas y es fácilmente corroborable. El consumo habitual de alimentos ultraprocesados (UPFs) causa múltiples males, enfermedades y problemas de salud.

SÓCRATES. — ¿Puedes mencionar algunos de estos males?

JARED. — Problemas de obesidad, decadencia cognoscitiva prematura, diabetes, hipertensión, enfermedades cardiovasculares, entre otros. Además, su consumo constante se ha relacionado empíricamente con ciertos tipos de cáncer, enfermedades del sistema endocrino y varios tipos de desórdenes neurológicos.

Esto está documentado, explicado y toda la data científica relevante está disponible para el público. Nada de esto es un secreto.

SÓCRATES. — ¿Crees que una persona racional consumiría constantemente estos alimentos ultraprocesados si conociera verdaderamente todas las consecuencias nocivas a su salud?

JARED. — Por supuesto que sí, Sócrates. Pasa todo el tiempo. La gente no actúa racionalmente. Actúa por emociones y deseos inmediatos. Es más, prefieren no saber. Evaden conocer la información científica disponible. Cuando algo les da placer, se ponen gríngolas y no quieren conocer la verdad. Es lo que Lacan llamaba "la voluntad de no saber".

SÓCRATES. — ¿Crees que esos estudios científicos y los expertos en el tema pueden ser más persuasivos que la retórica y la propaganda pagada que la industria de UPFs despliega por todos los medios?

JARED. — No lo creo. Como explicaba Bannon, el rétor se impone con el poder de la persuasión sobre cualquiera otra de las artes o las ciencias. Por eso estos productos se venden en hermosos anuncios con imágenes atractivas, con actores saludables que aparecen comiendo, bebiendo, gozando mientras consumen estos productos. La retórica y la propaganda de esta industria es poderosísima, casi imposible de resistir.

SÓCRATES. — ¿Acaso esos anuncios de publicidad que promueven la venta de alimentos ultra procesados muestran la película completa? Por ejemplo, ¿muestran consumidores obesos o en un hospital, sufriendo el embate de las enfermedades que mencionaste?

JARED. — Claro que no.

SÓCRATES. — Muestran actores pagados disfrutando, alegres, saludables y viviendo muy felices. ¿No es así?

JARED. — Así es.

SÓCRATES. — ¿Aceptas que se trata de una propaganda engañosa, puesto que esconde la verdad y hace pasar lo malo por bueno?

JARED. — Hasta cierto punto, lo acepto.

SÓCRATES. — Es una retórica que vende productos disimulando sus efectos nocivos para el consumidor. ¿No te parece?

JARED. — Parece que sí.

SÓCRATES. — Esta propaganda no educa ni revela el contenido tóxico y dañino de estas comidas ultraprocesadas. ¿Cierto?

JARED. — Cierto. Pero la verdad es que no les toca educar. Su objetivo es vender.

SÓCRATES. — Su objetivo es vender. Pero si venden mediante engaño y distorsión deliberada de la realidad, ¿no te parece que es una práctica mala, injusta y vergonzosa?

JARED. — No llego tan lejos. Es el precio que se paga por la libertad. Cada uno que se entere y haga lo que quiera.

SÓCRATES. — ¿No te parece que es más bien el precio que se paga por la ignorancia?

JARED. — Puede ser. Pero ¿qué tiene que ver este cuento de las comidas con el poder de la retórica?

SÓCRATES. — La retórica es para la mente y el alma de los ciudadanos lo mismo que los alimentos ultraprocesados, los UPFs, son para su cuerpo. Sus mañas y sus efectos en la audiencia son similares. Ambos venden como beneficiosas cosas que son dañinas. Ambas, la retórica y la propaganda de UPFs, son prácticas engañosas y que causan tremendos males. Por lo que has admitido hasta ahora, debemos concluir que son prácticas malas, injusta y vergonzosas.

JARED. — ¿En serio comparas la retórica con la venta de alimentos ultraprocesados?

SÓCRATES. — Compruébalo por ti mismo, según lo hemos dicho hasta ahora. Una enferma el cuerpo. La otra corrompe el alma y la mente del ciudadano. Ambas dependen de la ignorancia de la gente y ambas se hacen pasar por un arte que produce un bien. Sin embargo, ambas son expertas en distorsionar la realidad para presentar como si fuera bueno cosas malas y dañinas para el consumidor-votante. ¿No estás de acuerdo?

JARED. — He estado expuesto a la propaganda de los ultraprocesados y como puedes ver a mí no me ha hecho daño. Me alimento bien. Lo mismo hago en materia política. No me dejo manipular. Hago mi asignación. Y es lo que debe hacer todo votante-consumidor.

Hay una diferencia crucial que has pasado por alto. La retórica tiene mucho más poder puesto que se utiliza para ganar elecciones, mandar y gobernar a un país.

SÓCRATES. — Una vez ganas y tienes poder, ¿para qué lo utilizas?

JARED. — Pues para preservarlo y ampliarlo. Y mantener orden y control. Para esto también es indispensable la retórica.

SÓCRATES. — La gran mayoría de la gente llama política a estas prácticas deformadas por la retórica, basadas en el engaño y la manipulación. Por eso la política tiene mala fama. Si quisieras practicar la política verdadera debes saber que se trata de un arte noble, de la mayor importancia para la vida individual y colectiva, puesto que tiene el potencial de establecer las condiciones para liberar el alma de los ciudadanos y hacerlos más educados, justos y virtuosos, dentro de un régimen en el que puedan vivir la mejor vida posible. El buen político opera para hacer realidad un régimen y una comunidad política que promueve la vida buena, que es la vida de florecimiento, excelencia y felicidad. Lo que desde hace miles de años los atenienses llamamos *eudaimonia*, que es el fin del arte de la política.

Esa patraña, que es la política del engaño y la retórica, que busca adquirir, preservar y aumentar el poder, por medios corruptos, manipulación y engaño, es una degeneración de dicho arte que no debería llamarse política sino más bien fraude y servidumbre. ¿Estás de acuerdo?

JARED. — Pese a tu edad y tu fama de sabio, tienes una versión infantil de la política.

SÓCRATES — Jared, me alegra que tengas franqueza y te atrevas a decir lo que piensas. Puede que yo sea un niño ignorante cuyo único mérito es saber que no sabe. Si los políticos tienen tanto saber y tanto poder, te pregunto, ¿por qué se ven obligados a seguir el libreto que preparan sus rétores y estrategas? Parecen unos adolescentes temerosos del rechazo y obsesionados con el aplauso, con los *"likes"*, el número de *"followers"*, la atención de los medios. Me parece que a pesar del poder que le adjudicas, el político retórico termina convertido en un esclavo de sus audiencias.

¿No te parece esto vergonzoso (*aiskron*)?

JARED. — No tiene nada vergonzoso. Así es la democracia. Vergüenza es no tener el poder de la retórica para defenderte y proteger tus intereses. Eso es lo vergonzoso, Sócrates. Lo sabes mejor que nadie pues sucumbiste ante una estúpida acusación promovida por unos rétores y políticos mañosos y resentidos que te costó la vida.

SÓCRATES. — ¿Eso piensas de mi enjuiciamiento y la sentencia de muerte que se me impuso?

JARED. — Tú mismo lo has establecido en este diálogo. La retórica puede usarse para bien o para mal. Y en tu caso se usó en tu contra para mal. Entre tus acusadores, Licón era el retórico hábil, Anito el político sagaz y Melito el poeta frustrado. Confabularon para matarte y lo consiguieron, porque tú no supiste defenderte. Ese es el bien que no tuviste de tu lado, por desdeñar el poder de la retórica.

Hay que ser un niño para pensar que tu sentencia de muerte fue una acción espontánea del pueblo ateniense. Los pueblos no tienen esas iniciativas. Siempre los dirige alguien, los motiva, los moviliza, los manipula. Y ese alguien casi siempre es un rétor. Alguien con la capacidad de persuasión y la estrategia para hacer cosas como esas.

Usar la retórica para tener poder y defenderse de los enemigos no es nada vergonzoso. Lo vergonzoso es no saberse defender.

SÓCRATES — ¿Crees que algo así me pueda pasar hoy en Estados Unidos?

JARED. — No lo sé. Para evitarlo debes seguir mi consejo y tener la retórica de tu lado. Lo otro es saber escoger bien a tus amigos y a tus enemigos. Carl Schmitt lo explicó bien. La política es el arte de saber identificar y distinguir los amigos de los enemigos.

SÓCRATES — Ya sé que proteges y apoyas a tus amigos. Dime, ¿cómo tratas a tus enemigos políticos?

JARED. — Depende del tema. Digamos que el enemigo es el Partido Demócrata. Tomemos como ejemplo el asunto de la inmigración, un típico *wedge issue*. Para hacer una campaña efectiva en su contra hay que definirlo como "el enemigo", a la vez que se desarrolla un contraste en el que los republicanos son los amigos y salvadores del pueblo.

Una vez se establece el contraste como un choque entre el bien y el mal, es preciso repetir, repetir y repetir el mensaje. Repetirlo en todas las formas posibles y por los medios que llegan el votante-consumidor. Esa repetición le hace pensar que, si tanto se dice, tiene que ser verdad.

La narrativa de la maldad de Biden se va solidificando y sustentando con historias que fortalecen la idea de que su política de inmigración es mala para el pueblo americano.

SÓCRATES. — ¿La mera repetición del mensaje lo hace más persuasivo?

JARED. — Así es. La repetición crea una percepción de veracidad. Goebbels fue un maestro de la propaganda y supo cómo crear la "ilusión de la verdad" a través de la repetición. Si lo que se repite es falso, se repite lo suficiente hasta convertirse en una verdad aceptada.

Y mientras más grande la mentira, más creíble será, pues se piensa que nadie mentiría sobre algo tan grande. En otras palabras, si se va a mentir, es mejor hacerlo en grande. Es la técnica de la Gran Mentira que ya Hitler explicó en su libro *Mi Lucha*.

SÓCRATES. — ¿La repetición y la magnitud de la falsedad impacta a todos por igual o sólo a los ignorantes?

JARED. — No es tanto un tema de ignorancia, sino de voluntad. Como dije hace poco, es la voluntad de no saber. El consumidor-votante hoy decide qué noticias consumir, qué escuchar y a qué no hacerle caso. Si dedicas una hora a ver el canal de TV Fox News y luego dedicas una hora a ver MSNBC, comprobarías lo que te digo. Ambos son canales de noticias en Estados Unidos, pero presentan realidades totalmente divergentes.

El mensaje de los republicanos es que el gobierno de Biden se ha confabulado con los progresistas para permitir que nos arrope una ola de inmigrantes ilegales, malos, dañinos, entonces Fox News se dedica a aumentar el número de historias y reportajes sobre inmigrantes ilegales, crímenes, arrestos, caos, donde llegan estos extranjeros. Todo esto por culpa de Biden.

Esta cobertura mediática se repite y se amplifica a través de los medios electrónicos, sociales, las aplicaciones, los podcasts, columnas de opinión y otros medios, que le llegan en todo momento a cada ciudadano que tiene un *smartphone*.

¿He contestado tu pregunta sobre el poder de la técnica retórica de la repetición?

SÓCRATES. — Cuando hace un rato pregunté si tu poder de persuasión es mayor mientras más ignorante sea la audiencia, ambos tú y Bannon reconocieron que es así. Que el

rétor no sería tan persuasivo, por más que
repita el mensaje, ante personas con educación, conocimientos amplios y datos empíricos corroborables. Ante ellos, la repetición
no haría mella. La repetición funciona si la
audiencia es ignorante. ¿Estás de acuerdo?

JARED. — Creo que sí, pero aclara a que te refieres con una audiencia ignorante.

SÓCRATES. — Digamos que eres distribuidor
de una marca de comidas ultraprocesadas.
Y yo soy un experto en salud y nutrición
infantil. Nos toca debatir ante un grupo de
niños de 6 años que tienen problemas de so-
brepeso y obesidad, pero ninguno de ellos
está consciente de tener un problema de salud.

Te toca el primer turno. Les dices que, si votan por ti, les darás un surtido de donas, helados, pizza, sodas carbonatadas, ricos jugos
y todo tipo de dulces deliciosos. Luego es mi
turno. Les informo que su salud está que-
brantada y sus vidas pueden estar en peligro
por su problema de obesidad infantil. Les
ofrezco que, si votan por mí, les privaré de
todas las cosas que tú les ofreces. Los forzaré
a un régimen alimenticio de vegetales, frutas
y comidas saludables. Además, les informo
que, si votan por mí, les tomaré una muestra
de sangre para conocer sus niveles de azúcar
en el cuerpo y otros indicadores que permitan hacer un diagnóstico de su condición fí-

sica, con base en los datos empíricos. Estos niños no saben que tu oferta les hará más daño y que la mía mejorará su salud.

¿Por quién crees que votarán estos niños, por ti o por mi?

JARED. — Llevas las de perder. No conozco a ningún niño que prefiera una dieta estricta y el pinchazo de una aguja de laboratorio, frente a una pizza, donas, refrescos, dulces y helados.

SÓCRATES. — Estamos de acuerdo. Y si prestas atención a lo dicho hasta ahora, aceptarás que los rétores tratan a sus audiencias como tú a este grupo de niños.

JARED. — No acepto equiparar al pueblo americano con un grupo de niños de primer grado.

Entran dos agentes de seguridad, uno de ellos se acerca a Trump y le habla al oído. El otro espera la señal y luego se acerca al podio para dar un mensaje. Jared aprovechó para sorber agua de un vaso de cristal con la letra T grabada en color oro.

AGENTE DE SEGURIDAD. — Perdonen la interrupción. Tengo un mensaje importante. La protesta en las afueras de Mar-a-Lago sigue cambiante y fluida. El grupo ha ido aumentando. Ya son más de mil personas y siguen llegando.

Algunos han tratado de entrar a la propiedad privada de Mar–a–Lago sin permiso y no han tenido éxito. Nuestro grupo está trabajando en equipo con la policía de Palm Beach y la situación está bajo control. Le solicitamos, sin embargo, que se mantengan en esta área del Club y no salgan de ella.

Los mantendremos informados. Gracias por su cooperación.

JARED. — Gracias al personal de seguridad por mantenernos informados, sanos y salvos. Creo que eso es parte del proceso democrático en nuestro país.

(*Trump asiente levemente con la cabeza.*)

¿Dónde estábamos? Sócrates hablaba de niños que prefieren comer dulces a recibir pinchazos con agujas de laboratorio. Todo con tal de cambiar el tema y no aceptar el bien que produce la retórica.

SÓCRATES. — No quiero cambiar el tema. Quiero profundizar en él. ¿Crees que un rétor debe responder cuando su campaña les hace daño a los ciudadanos, haciéndolos más injustos, impulsivos, violentos, ignorantes, codiciosos y soberbios?

JARED. — ¿Qué opinas tú?

SÓCRATES. — Opino que debe responder y ser ajusticiado cuando su retórica corrompe el alma de los ciudadanos y los hace peores. Sobre todo, si esto provoca que la democracia degenere en una tiranía.

JARED. — Los tiranos, a veces, juegan un papel histórico importante cuando ejercen el poder para imponer orden, proteger al pueblo y levantar el orgullo patrio frente a la amenaza extranjera. Es por su poder que los tiranos son admirados y envidiados.

SÓCRATES. — ¿Crees que los tiranos viven una vida admirable y envidiable?

JARED. — Digo que la gente envidia la vida de los poderosos y nadie más poderoso que el tirano. Consecuentemente es el más envidiado. Te puedo asegurar que la mayoría de la gente sueña en secreto con tener ese poder, aunque no lo admita públicamente.

Si fueras honesto, tú mismo lo admitirías. ¿Quién no admira en silencio a los grandes hombres de poder que cambiaron la historia? Un Alejandro Magno, un Julio César, un Napoleón. Sé que las cosas han cambiado, pero hoy día ¿no crees que Xi Jinping es el hombre más envidiado en toda China? ¿No crees que lo mismo puede decirse de Putin en Rusia?

SÓCRATES. — No conozco ni a Xi, ni a Putin. Por tanto, no puedo auscultar su mente y su alma, ni evaluar la calidad de su carácter, el estado de su conciencia, el nivel de su sabiduría y sus excelencias morales e intelectuales, que son los criterios para saber si en efecto viven una vida envidiable.

JARED. — No tengo que conocer a Putin para saber que es el hombre más admirado y envidiado en toda Rusia.

SÓCRATES — ¿Qué te hacer pensar que la vida de Putin es envidiable?

JARED. — Putin que vivió una infancia dura en Leningrado y viene de una familia de limitados recursos, ascendió hasta convertirse en un líder histórico. Su abuelo fue cocinero personal de Lenin y luego de Stalin. Su madre era trabajadora de fábrica y su padre un veterano de la Segunda Guerra Mundial. Nada en su infancia le permitía soñar con el poder, la fama y las riquezas que ha logrado.

A duras penas logró un PhD en economía en la Universidad de Minería de San Petesburgo. Se unió a la KGB en un trabajo de inteligencia. Desde entonces el joven Putin mostraba inteligencia y ambición, pero, conociendo su origen, nadie esperaba que llegara tan alto en la carrera política.

Después de la disolución de la Unión Soviética, primero en San Petesburgo y luego en Moscú, fue escalando rápidamente hasta convertirse en Jefe de Gabiente de Boris Yelstin. Ahí conoció el potencial de la presidencia y cómo funciona el poder en Rusia. Se postuló entre desconocidos y ganó las elecciones para la presidencia. Ese ascenso vertiginoso lo llevó de ser un don nadie a convertirse en uno de los hombres más poderosos y trascendentales de estos tiempos. ¿No te parece que eso es admirable y envidiable?

SÓCRATES. — No lo conozco lo suficiente como para concluir que se trata de una vida admirable y envidiable. Tendrás que darme más información.

JARED. — No he terminado. Ha sido el líder indiscutido de su país por casi tres décadas. Muchos lo consideran el hombre más poderoso y rico del mundo. Su poder ha ido incrementando, mientras menos limitaciones legales y constitucionales le impiden el ejercicio del poder.

Ha eliminado a todos sus enemigos políticos y ha consolidado el poder sin mucha dificultad. La guerra de Ucrania demuestra que, a pesar de todo, es un líder global de dimensiones históricas. Políticamente parece intocable.

¿Un hombre con ese grado de poder en el orden global, que se hizo a sí mismo desde una cuna humilde, no te parece admirable y envidiable?

SÓCRATES. — Antes habría que contestar otra cosa. ¿Ejerce el poder por medios justos, procurando que los ciudadanos sean virtuosos y siendo él mismo un ejemplo de bien, justicia y virtud?

JARED. — ¿Pero de qué hablas? Claro que no.

Mientras mayor poder, más injusto, cruel, codicioso y violento se ha vuelto. Y tras él, muchos en su país.

SÓCRATES. — Creo que una vida así no es ni admirable, ni envidiable, aunque la mayoría piense lo contrario.

JARED. — No seas ingenuo. Serías muy mal político, si tu versión de un líder es ser un modelo de virtud moral, sabiduría y justicia. Así no funcionan las cosas. Claramente no entiendes cómo piensa y cómo se siente el pueblo ante un hombre de gran poder.

SÓCRATES. — Si fuera cierto que la mayoría del pueblo ruso admira y envidia la vida de Putin, esto es evidencia de cuán cuidadosos y desconfiados debemos ser ante el sentir de la mayoría. A mí nunca me ha preocupado que mi pensamiento sea minoritario o incluso quedarme solo en mis opiniones, con tal de que pueda examinar un tema a fondo, con pensamiento crítico y no caer en contradicción conmigo mismo.[8]

---

[8]   Cf. Charles Taylor, The Sources of the Self: The making of modern identity [Harvard University Press: Cambridge], 1989, 36-37: "First it is clear the most important spiritual tradition of our civilization has encouraged, even demanded, a detachment from the second dimension of identity as this is normally lived, that is, from particular historic communities, from the given webs of birth and history. If we transpose this discussion out of the modern language of identity, which would be anachronistic in talking about the ancients, and talk instead of how they found their spiritual bearings, then it is plain that the ideal of detachment comes to us from both sides of the heritage. In the writings of the prophets and the Psalms, we are addressed by people who stood out against the almost unanimous obloquy of their com-

Ivanka Trump entra al salón, vestida con un traje blanco impecable y mostrando una sonrisa tímida que parece fingida. Se escucha un murmullo que se convierte en un aplauso de la audiencia. Trump sonríe orgulloso y le hace señas para que suba al podio. Jared dibuja una media sonrisa. Al llegar a la tarima, Ivanka saluda a Sócrates juntando las manos en una especie de reverencia. Sócrates, que por primera vez se ve cansado, le devuelve el gesto desde su asiento. Me acerco a Sócrates y le pregunto al oído si se siente bien. Asiente con la cabeza sin decir palabra y se queda mirando al piso con la mano en la frente. Trump, que ahora se ve lleno de entusiasmo y energía, toma el micrófono.

> TRUMP. — Ivanka, mi bella hija, aunque no debo decir que es bella, porque es mi hija y me han dicho que es un problema decir eso. Pero no debería ser un problema, porque es objetivamente bella e inteligente también, y aunque soy su padre creo que puedo decir esto, aunque me dicen que no debo decirlo pues es un problema.

> IVANKA. — ¡Por favor, sigan! Vine en cuanto me enteré de que Sócrates estaba aquí. Las protestas me retrasaron, pues la seguridad insistió en usar una ruta más segura y eso me atrasó.

> TRUMP. — Llegas en un buen momento. A Jared no le ha ido mal con Sócrates. Aunque me he tenido que aguantar de intervenir

---

munities in order to deliver God's message. In a parallel development, Plato describes a Socrates who was firmly rooted enough in philosophical reason to be able to stand in imperious independence of Athenian opinion."

para corregir ciertos errores en los que Sócrates insiste.

SÓCRATES. — Estimado Trump, te suplico que no dejes de corregir cualquier error en que me veas caer.

TRUMP. — Tu problema es que no comprendes cómo funciona el poder en la vida real. Voy a dejar que Jared termine. Si al final nos queda tiempo, te lo explicaré.

SÓCRATES. — Estaré aquí todo el tiempo que sea necesario. Sobre todo, si es para conocer tu opinión sobre el poder en la vida real.

TRUMP. — Ahora, vamos a complacer a Ivanka.

JARED. —¿Dónde estábamos?

SÓCRATES. — Habíamos identificado dos tipos de argumentos para sostener una opinión o refutarla. Uno, el que se basa en la opinión mayoritaria. Otro, que es el que yo prefiero, se sostiene en el razonamiento propio. Es el que expresas con tus palabras, independiente de cuál sea la opinión mayoritaria. Este es el que me interesa. Tu opinión franca y no la de la mayoría es la que me gustaría conocer cuando contestes mi pregunta.

JARED. — ¿Cuál pregunta?

SÓCRATES. — ¿Cómo quieres vivir tu vida?

JARED. —¿Cómo quiero vivir mi vida?

SÓCRATES. — Es la pregunta más importante de todas.

JARED. — No veo que tenga que ver con el tema de hoy.

SÓCRATES. — Tiene que ver con todo. Ya verás que, si seguimos dialogado, llegaremos a un acuerdo en este punto.

JARED. — Eso quisiera verlo.

SÓCRATES. — Has dicho que un tirano por virtud de su poder sobre los demás es envidiable. Aunque sea injusto, criminal, inmoral y siempre sediento de poder, nada de esto le hace mella en su alma, puesto que sabe lo que quiere y gracias a su poder lo consigue. Dices que esto lo convierte en una persona admirable y feliz (*makarion*). ¿Cierto?

JARED. — Esa es la verdad y la mayoría lo reconoce, aunque no lo admita.

SÓCRATES. — Sí, la mayoría piensa así, pero no lo admite por vergüenza. Te ruego que al menos tú contestes con franqueza y sin tener vergüenza de nada. Si una vida es envidiable y feliz, debe ser una vida que tú quieres emular. ¿Cierto?

Jared hace una pausa y mira a Ivanka por unos segundos. Ella lo mira en silencio, con un asomo de preocupación, como si no supiera lo que realmente piensa su marido o lo que esté dispuesto a decir ante este grupo de gente.

JARED. — Cada uno debe vivir su vida según le dicte su conciencia y con libre albedrío. Yo no tengo que emular a nadie.

SÓCRATES. — Bien. Me basta con eso. Entonces, ¿cómo quieres vivir tu vida?

JARED. — Como hasta ahora la he vivido.

SÓCRATES. — ¿Te consideras un hombre de bien, admirable y feliz?

JARED. — (*Busca a Ivanka con la mirada. Hace un esfuerzo por sonreír.*) Absolutamente. Tengo muchas razones para considerarme dichoso.

SÓCRATES. — ¿A pesar de que vives obedeciendo la constitución, las leyes, y las costumbres de buena conducta ética y moral que distinguen al buen ciudadano?

JARED. — Sí. No diría que a pesar. Quizás por eso soy feliz.

SÓCRATES. — Bien. ¿Y quieres vivir de este modo y no emulando a un tirano injusto por más poder que tenga?

JARED. — Así es.

SÓCRATES. — Si un hombre decide vivir su vida como un inmoral, mentiroso, traidor, cruel, desleal a sus amigos y a su patria, con el único objetivo de saciar su pasión por el poder, y para quien su afán de poder justifica los medios injustos que emplea, incluyendo el engaño, la estafa y la coerción, no me parece que estamos ante alguien admirable o envidiable, por dinero, fama y poder que haya logrado tener.

¿Crees que un hombre que decide vivir su vida así es envidiable o despreciable?

JARED. — Lo segundo.

SÓCRATES. — Ahora consideremos un caso hipotético.

Imagina que en los periódicos principales de Estados Unidos y en todos los noticieros en los canales principales de televisión, y en las emisoras de radio y en todos los medios electrónicos, se reportara que tú has amasado una fortuna mediante una empresa criminal de fraude, extorsión, de trata humana, de corrupción gubernamental a todos los niveles. Que tu familia entera es parte del negocio. Que incluye clara evidencia de que has cometido múltiples delitos graves, incluyendo serias violaciones al RICO Act.

JARED. — Cualquier persona que se expone a una acusación así y a pasar años en la cárcel, se sentiría terriblemente mal.

SÓCRATES. — Piensa por un momento que, a pesar de todo, no te expones a la cárcel pues te has beneficiado de un perdón presidencial. Sin embargo, esta historia se ha divulgado y en nuestro caso hipotético se te acusa con evidencia clara y contundente. En una situación como esa, ¿sentirías vergüenza u orgullo?

JARED. — (*Con una expresión de melancolía.*) Sería una vergüenza, aunque nada de esto es verdad. Pero en ese caso hipotético, sería un momento muy vergonzoso.

SÓCRATES. — Bien. ¿Y si gracias al poder de tu retórica y de tus aliados políticos pudieras zafarte de la cárcel, serías digno de orgullo y admiración o de vergüenza y repudio?

JARED. — Es una vergüenza para cualquier persona, aunque pueda escapar de la cárcel.

Es algo que yo no haría, ni puedo aplaudir, así sea por poder, fama o dinero.

Nadie está por encima de la ley. Nadie puede ser admirable si no se rige por la justicia. Así lo hice cuando trabajé en la Casa Blanca y así lo he hecho siempre en el mundo de los negocios privados. Pero debo aclarar algo. La envidia que siente la gente por los poderosos es una especie de sentimiento irreflexivo, intuitivo, quizás subconsciente. Y por eso dije que un tirano con gran poder es envidiable para la mayoría. No estoy seguro de que esto lo has podido refutar.

SÓCRATES. — ¿Tienes niños?

JARED. — Sí.

SÓCRATES. — Pongamos tu opinión ante una prueba de fuego. ¿A cuál de tus niños le dirías que Putin es una persona que deben admirar, envidiar o emular?

JARED. — Por supuesto que a ninguno.

SÓCRATES. — ¿Los enviarías a pasar una temporada en la casa de Putin para que aprendan de él cómo deben vivir sus vidas?

JARED. — No los quisiera cerca de Putin ni un solo día.

SÓCRATES. — A pesar de que dijiste hace un rato que Putin y otros tiranos son las personas más envidiadas, admiradas y felices por virtud de su tremendo poder. ¿Hay algún otro tirano al que le confiarías la educación de tus hijos?

JARED. — Ninguno.

SÓCRATES. — Creo que hemos llegado a estar de acuerdo en este punto. Aunque aún no has respondido a la pregunta de cómo quieres vivir tu vida, parece que coincidimos en que la vida que no merece ser vivida es la vida del tirano. La vida del tirano no es digna de ser emulada, ni admirada, ni buena como ejemplo para tus hijos. Si no quieres que tus hijos aprendan a vivir admirando o emulando el ejemplo del tirano, debe ser porque esa vida te parece vergonzosa, mala e injusta. ¿De acuerdo?

JARED. — Así es.

SÓCRATES. — El tirano con mucho poder es el que mayores males le causa a los demás y a sí mismo.

A pesar de todo su poder, sus riquezas y su fama, la vida de un tirano como Putin es un ejemplo de vida injusta, vergonzosa y desdichada. ¿Estás de acuerdo?

JARED. — De acuerdo.

SÓCRATES. — Ahora contéstame, ¿cómo les dirías a tus hijos que deben vivir sus vidas? ¿Como un tirano o como personas justas, libres, compasivas, amigables, buenas y virtuosas, aunque carezcan del poder político?

JARED. — Ante esas opciones, nadie debe escoger la vida del tirano.

SÓCRATES. — ¿No te parece que lo contrario a la vida del tirano, es la de un buen ciudadano, justo, amigable, libre y virtuoso?

JARED. — Sí.

SÓCRATES. —¿El mejor líder político será aquel que si los ciudadanos lo emulan, mejorarían en sus virtudes, en su carácter y en su vida o será uno que, de ser emulado, los haría más injustos, crueles, incontinentes y viciosos?

JARED. — El mejor líder es el que de ser emulado, haría mejores y más virtuosos a los ciudadanos.

SÓCRATES. — De tus palabras se desprende que un político cuya vida es un mal ejemplo le hace un gran daño a su pueblo. Mientras que el líder político bueno, es por definición un modelo para la vida buena, justa, sabia, libre y virtuosa. Al servir de ejemplo, este líder le hace mucho bien a los ciudadanos, al

Estado y a su nación. ¿Verdad?

JARED. — Creo que dices la verdad. Acepto que un tirano le hace daño a los demás, pero no estoy seguro de que se haga daño a sí mismo.

SÓCRATES. — El tirano se causa el mayor de los daños a sí mismo. ¿Sabes por qué? Porque vive diariamente consigo mismo. Coexiste con un injusto, un traidor, un tramposo, un estafador, una persona cruel, mala, soberbia, egoísta, siempre a su lado, desde que despierta hasta que se duerme. ¿Quién quisiera vivir con alguien así todos los días de su vida?

JARED. — No sé.

SÓCRATES. — Pues así vive un tirano. Además, vive esclavizado por sus deseos y su sed de poder. Por tanto, no es libre y vive en constante pugna consigo mismo pues no logra coexistir bien con ese yo interno que lo trata con injusticia, engaño, soberbia y crueldad. Vivir consigo mismo es una condena pues no conoce la moderación, ni el bien, ni la justicia. ¿No lo crees así?

JARED. — Creo que tienes razón.

SÓCRATES. — Siguiendo este razonamiento, Putin vive esclavo de sus pasiones irracionales y éstas no solo le hacen daño a los demás, sino que se maltrata a sí mismo. Esclavizado por sus pasiones y en pugna constante consigo mismo, parece condenado a una vida desdichada y nada envidiable ¿No te parece?

JARED. — (*Mira fijamente a Sócrates*). Eso parece.

SÓCRATES. — Un político que no solo comete, sino que impulsa a sus seguidores a cometer crímenes y a atentar en contra de la constitución y las leyes, para tener más y más poder, ¿no te parece vergonzoso, reprochable y desdichado?

JARED. — Sí.

SÓCRATES. — Si el tirano se apoya en la retórica para cometer sus crímenes y perpetuar sus injusticias contra el pueblo y contra sí mismo, es forzoso concluir que la retórica es una maña vergonzosa, injusta y deplorable, que no beneficia a nadie. ¿Estás de acuerdo?

JARED. — Tengo que estar de acuerdo.

SÓCRATES. — Ahora estimado Trump, espero que te animes a educarme y a corregir mis errores en cuanto al funcionamiento y los fines del poder.

El público aplaude. Muchos corean: "¡Trump, Trump, Trump!"

Parte IV
Trump o la sed de poder

> "Of all our passions and appetites,
> the love of power is of the most imperious
> and unsociable nature since the pride
> of a man requires the submission of the multitude."
>
> Edward Gibbon,
> *Decline and Fall of the Roman Empire*

Entran dos agentes de seguridad. Uno de ellos se dirige a Trump y le habla al oído. El otro se dirige al podio y mira a Trump en espera de una señal. Trump asiente ligeramente con la cabeza. Se encienden dos grandes pantallas que habían estado apagadas a los lados de la tarima. Aparecen imágenes de miles de ciudadanos en las afueras del Club Mar-a-Lago. Decenas de policías armados custodian las entradas.

Las pantallas de una estación de televisión muestran las imágenes de cada grupo de manifestantes. Veo las pancartas de cada lado.

Noto que el grupo que se congrega a favor de Trump tiene las siguientes pancartas: "Socrates and foreigners go home!"; "Trump is the King!"; "White, Male, & Straight, how else can I piss you off today?"

El grupo que las pantallas identifican como progresistas o "woke", *claramente anti-Trump, muestra prominentemente una ominosa guillotina.*

Pancartas del lado anti-Trump: "End White Male Privilege. End Socrates and Trump!"; "Cancel Socrates: No to elitists, racists, sexists."; "Lock Trump up!"; "Reparations for American Descendants of Slaves!"

AGENTE DE SEGURIDAD. — Estimados invitados del Club Mar–a–Lago, queremos compartir la información más reciente sobre las protestas. Hay dos grupos. Uno, compuesto por partidarios del Sr. Trump. Otro, compuesto por opositores que se identifican con la izquierda política y seguramente simpatizantes del Partido Demócrata.

Alguno de los presentes parece haber filtrado información a la prensa sobre lo que está pasando aquí y la participación de Sócrates. Hay expresiones de protesta contra Sócrates en los dos bandos.

El público reacciona con un sonoro murmullo y con expresiones de sorpresa y desaprobación. Sócrates observa en silencio todo lo que se proyecta en pantallas con cara de niño curioso. Me atrevo adivinar que está contento con que le protesten a él también. Deberá haber pensado que el plan marcha según esperaba.

AGENTE DE SEGURIDAD. — Aquí dentro, les puedo asegurar, estamos seguros. El presidente Trump nos ha pedido que nos encarguemos de la seguridad de Sócrates mientras duren estos diálogos.

Gracias por su cooperación.

Ahora los dejo con el presidente Trump.

Aplausos del público.

Trump se levanta de su silla con lentitud deliberada y se vuelve hacia Jared y Bannon con la mirada del jefe insatisfecho. Tiene exactamente la misma expresión de estreñimiento que perfeccionó en la serie televisiva "The Apprentice", justo cuando estaba a punto de pronunciar la sentencia: "You're fired!" Se para frente al podio y hace una pausa dramática como para crear expectación.

TRUMP. — (*Con voz muy pausada y enunciando cada palabra.*) Sócrates, para ser un hombre con reputación de sabio, me sorprende tu ignorancia sobre la política en la vida real. Bannon se retiró confundido y abatido por el cansancio. Jared comenzó bien, pero al final fue abrumado por un sentido de vergüenza juvenil y no se atrevió a decir toda la verdad sobre la naturaleza del poder.

SÓCRATES. — Tengo la suerte de que estés aquí dispuesto a aclararlo todo, sin temor y con toda la franqueza (*pahrresía*) que les faltó a Bannon y a Jared. Seguramente te tomará poco tiempo sacarme de mi error.

TRUMP. — Esa es la diferencia entre tú y yo. Yo sé de lo que hablo, sé cómo ganar y sé lo que es una vida de éxito, porque la he vivido. Eso explica mi éxito político.

SÓCRATES. — ¿En qué consiste el arte de lo político?

TRUMP. — Si no me interrumpes, te lo diré de la forma más sencilla posible.

SÓCRATES. — Te escucharé con atención.

TRUMP. — El verdadero poder es la capacidad de vencer a tus enemigos, proteger a tus amigos y dominar sobre una nación o grupo de naciones. El dominio será efectivo y duradero si se funda en las pasiones que motivan al pueblo a la obediencia. El miedo es la pasión más poderosa que debe saber manejar un líder. Por eso dije hace un tiempo que "el poder es miedo", aunque la prensa liberal me citara fuera de contexto y, como siempre, tergiversara mis palabras. Pero no se puede descansar sólo en el miedo. También hay que conocer y saber manipular otras pasiones en la gente. El deseo de reconocimiento, el deseo de ser parte de algo más grande, de identificarse con un líder, explicar su propia vida, por mediocre que sea, en términos aspiracionales y aunque sea indirecta o vicariamente sentir que pueden ganar.

El mundo, igual que una sociedad, se divide entre fuertes y débiles. Ganadores y perdedores. Grandes y pequeños. Los grandes líderes saben convertir sus victorias y su fuerza en algo con lo que los débiles y perdedores pueden identificarse. Ahí está la fuerza del trumpismo. Es un fenómeno similar al de los fanáticos de fútbol que siguen a excelentes clubes deportivos y sus atletas superdotados en un deporte que ellos jamás podrían practicar al nivel más elemental y, a pesar de eso, se sienten plenamente identificados con esos equipos y sus jugadores.

El poder político requiere de la persuasión para lograr ese proceso de identificación y la lealtad de la gente. Pero no cualquiera puede ganarse esa lealtad, por más que sea experto en retórica. En eso se equivocan Bannon y Jared. Es necesario ser un líder fuerte, inteligente, que sepa usar la maña, manipular las pasiones y estar dispuesto a usar la fuerza y el miedo para imponerse sobre sus enemigos.

SÓCRATES. —¿Cuál de las pasiones te domina?

TRUMP. — ¿Cuál te domina a ti?

SÓCRATES. — La pasión por la verdad. Por la búsqueda de la verdad. Busco la verdad y la sabiduría porque no las poseo. Esa búsqueda ha sido mi vida. En mi caso he intentado cumplir con otra misión que considero divina y es la de ayudar a otros a encontrar su propio camino hacia la verdad y el autoconocimiento.

Ahora dime, ¿cuál es la pasión dominante que hace que Trump sea Trump? ¿Es el dinero que ya tienes en demasía? ¿Es el aplauso y la fama que ya te empalaga? ¿O es el poder?

TRUMP. — Mi pasión es ganar. Lo he demostrado en todo lo que hecho. En los negocios, el dinero, la fama y la política. Ganar en todo. En la cima de todo está el poder con las menores restricciones posibles. La diferencia de mi pasión es que me ha convertido en el líder político más importante del siglo XXI. El poder se tiene que ganar. Nadie te lo da.

Mi pasión me ha llevado al éxito. A ti, por el contrario, tu pasión te llevó a la ruina.

SÓCRATES. — ¿Cómo logré arruinarme siguiendo mi pasión?

TRUMP. — Por tu torpeza política. Fuiste acusado por corromper la juventud y cometer impiedad contra los dioses de Atenas. Si me preguntas, realmente te acusaron por no saber callarte a tiempo. Una buena defensa, una campaña hábil o, en último caso, la fuga, te hubiesen salvado el pellejo. Pero no. Hiciste la peor defensa imaginable, no conseguiste la ayuda de aliados políticos y rechazaste la oferta de Critón de fugarte a tiempo, antes de la ejecución. Es vergonzoso terminar la vida así, condenado a muerte por tus propios conciudadanos.

¿Quieres conocer la vida de un ganador? Mira la mía. ¿Quieres ver la de un perdedor? Mírate en un espejo.

SÓCRATES. — Agradezco tu franqueza, que recibo como una brisa fresca. Espero que continúes así durante el resto de nuestro diálogo. Cuando te describes como un "ganador" dibujas una vida dedicada a saciar una tremenda sed. ¿Lo reconoces?

TRUMP. —¿Qué sed?

SÓCRATES. — La sed de poder.

TRUMP. — Así hablan los débiles. Te diré un secreto. La sed de poder es buena. Es lo que impulsa a un hombre superior y mentalmente fuerte a nunca conformarse y a siempre ir por más.

SÓCRATES. — Siempre vas por más, porque se trata de una sed insaciable. ¿No crees?

TRUMP. — No me avergüenzo de tener sed de poder mientras pueda satisfacerla constantemente. En cambio, tú tienes una pasión debilitante que te hace vulnerable. Por eso quedas a merced de tus enemigos y te quedaste solo.

SÓCRATES. — Nunca he temido quedarme solo. ¿Le temes a quedarte solo?

TRUMP. — Sería muy mal político si no supiera medir el sentir de la gente y hacer que me siga y me apoye.

SÓCRATES. — Para saber qué es un mal político, debemos definir lo que es un buen político.

TRUMP. — A ver, ilústranos, ya que tienes tanta experiencia. ¿Qué es un buen político?

SÓCRATES. — Un buen político no debe ser un mendigo de la aprobación y el aplauso de la gente. Ni un esclavo de los grupos de presión más ruidosos o adinerados. Un político tan ávido de complacer a los demás para subir en las encuestas, en los "likes" o llenar sus arcas, no puede actuar con libertad. ¿Estás de acuerdo?

TRUMP. — No. En una democracia manda la mayoría. Un buen político tiene que conocer lo que quiere la mayoría y saber manipularla, a veces para intimidarla y someterla, y a veces para mimarla y complacerla.

SÓCRATES. — ¿Crees que la mayoría de un pueblo siempre sabe escoger lo mejor y lo que más le conviene?

TRUMP. — No. Necesitan un líder fuerte que los mande, los dirija, los inspire. Los pueblos siempre son pasivos. Necesitan grandes hombres que los pastoreen.

SÓCRATES. — ¿Quién es el más apto para pastorear al pueblo?

TRUMP. — El más fuerte.

SÓCRATES. — ¿En qué se basa tu opinión de que lo justo y lo correcto es que mande el más fuerte?

TRUMP. — En la ley natural, Sócrates.

SÓCRATES. — ¿Dónde queda el principio de igualdad contenido en la Declaración de Independencia y en la Constitución?

TRUMP. —Nadie se cree ese cuento de la igualdad. Sócrates, hay una ley fundamental inscrita en el ADN del ser humano que es más antigua y poderosa que nuestra Declaración de Independencia y la Constitución.

SÓCRATES. — Ilústrame. ¿Cuál es esa ley fundamental?

TRUMP. — Es la ley natural. Esa ley dicta que mande el más fuerte. Es lo justo y lo correcto. En algún momento de la historia, los débiles convencieron a los fuertes de aceptar límites a su poder y por eso surgieron las constituciones y las democracias liberales. Pero las constituciones, incluyendo la de Estados Unidos, no pueden borrar la ley del más fuerte.

La carta de derechos, la división de poderes, y los frenos y contrapesos han sido usados para beneficio de los débiles, los mediocres y los traidores. En estos momentos de crisis doméstica y amenazas globales, estos frenos constitucionales ponen a Estados Unidos en una posición de debilidad. Por eso quiero dejar sin efecto la Constitución, por un período, para poder defender y salvar a este país. Hacerlo grande y poderoso una vez más.

SÓCRATES. — ¿Crees que con el régimen constitucional americano no se puede cumplir esa misión salvadora de la que hablas?

TRUMP. — No. El problema es que en lugar de permitir que un líder fuerte como yo gobierne libremente en defensa del pueblo, los tribunales, los burócratas y la minoría obstaculizan el poder del cambio. El resultado de todos esos frenos constitucionales es que se frustran los deseos de la mayoría, articulados por su líder.

SÓCRATES. — ¿Crees que los *"founding fathers"* erraron en su diseño del gobierno americano?

TRUMP. — Los *"founding fathers"* fundaron un régimen político ajustado a su tiempo. Ya no se ajusta a las realidades políticas del siglo XXI. Ningún sistema es permanente. Sólo la ley natural es permanente. Los padres fundadores fueron hombres fenomenales, pero no podían anticipar lo que pasaría en el siglo XXI. China, Rusia y hasta India se ríen de nosotros. Estados Unidos, a pesar de nuestro poderío militar y económico, sufre el efecto de un régimen de gobierno decadente, esclerótico y disfuncional. Mi misión es tener el poder de cambiar esto y hacer valer la ley del más fuerte.

SÓCRATES. — ¿Propones un tipo de tiranía?

TRUMP. — La tiranía es un nombre que usan los opositores del líder político que tiene la fuerza y el poder de cambiar las cosas.

Trump se ve confiado y lleno de energía. Bannon tiene la boca ligeramente abierta.

SÓCRATES. — ¿Crees que el mejor régimen político es el que no pone frenos constitucionales al líder fuerte?

TRUMP. — Así es. Pero no cualquier líder fuerte. Es uno que tenga la voluntad de ejercer su poderío frente a los enemigos internos y externos de su país.

SÓCRATES. — ¿Crees que ser fuerte te hace más capacitado para gobernar bien?

TRUMP. — Eso está claro.

SÓCRATES. — Seguramente concurres conmigo en que la mayoría del pueblo norteamericano, en su conjunto, es físicamente más fuerte que tú. El "demos" es más fuerte que cualquiera de sus líderes políticos, si te refieres a la fuerza física.

TRUMP. — Por supuesto que no me refiero a la fuerza física. ¿Crees que cuando hablo de los más fuertes y mejores, me refiero a las masas de ciudadanos mediocres y del montón? De lo que he venido hablando es de fortaleza mental. Me refiero al mentalmente fuerte.

SÓCRATES. — Me viene a la mente lo que dijo Karl Jaspers sobre Adolfo Hitler, que no confiaba tanto en su maestría retórica como en la superioridad de su fortaleza mental frente a los demás que intentaban competir con él y que consideraba mentalmente débiles. Es la oscura disposición a rebasar todos los límites de la sensatez, de lo aceptable. Una fortaleza a prueba de prudencia, racionalidad y moderación.[9] ¿A esto te refieres con

---

[9]   "Aplicado a la conquista del poder por el nacionalsocialismo.... las energías del Führer nazi que intentaba siempre jugarse todo a una carta, su superioridad en todas las situaciones frente a los débiles mentales, con la sagacidad y cálculo de sus politicos supuestamente inteligentes, pero ciegos en realidad...." Karl Jaspers, *¿Dónde va Alemania?* [Ediciones Cid: Madrid], 1967, 153-54.

fortaleza mental?

TRUMP. — Es eso. Y la capacidad de superar cualquier obstáculo por grande que sea y manejar asuntos complejos mejor que los demás. Es lo que en los negocios distingue a Elon Musk de un vulgar vendedor de carros.

SÓCRATES — ¿No crees que la superioridad y la capacidad de manejar estos problemas depende de la sabiduría y el conocimiento?

TRUMP. — De acuerdo. Cuando te lo propones puedes ser un buen alumno, a pesar de tu edad.

SÓCRATES. (*Se ríe*) — Mi edad es una exageración inexplicable. Pero lo que quiero ahora es conocer claramente tu opinión. ¿Entre esos asuntos y problemas complejos sobre los que tienes conocimientos superiores está la creación de riqueza?

TRUMP. — Claramente. Nadie sabe más de eso que yo. Ya lo he dicho antes. Soy un genio muy estable. ¿Crees que logré hacer un imperio económico sin ese conocimiento superior?

SÓCRATES. — Es usual que quienes se jactan de hacer mucho dinero, tienden a no darle importancia a la excelencia moral o a la justicia.

TRUMP. — Menosprecias a los que tenemos éxito económico porque nunca lo tuviste. ¿Menosprecias igualmente la fama y el reconocimiento de millones de personas?

SÓCRATES. — La fama es igualmente engañosa. Eso que se habla de quién es famoso
suele ser falso, en todo o en parte, y tiende
a fundarse en fantasías, errores o mera ignorancia.

TRUMP. — La envidia te lleva a decir cosas que
nadie cree.

SÓCRATES. — Quisiera saber si lo que te da derecho a mandar sobre los demás es tu fortaleza mental o si es tu conocimiento superior
en el arte de la política y el gobierno de la
cosa pública.

TRUMP. — Ambos.

SÓCRATES. — Hay diversos grados de conocimiento. Por ejemplo, conocimientos
científicos corroborables (*episteme*), el arte
(*techné*), la sabiduría práctica (*phronesis*) y
lo que se sabe por opinión (*doxa*) o creencia
(*pistis*). ¿A cuál de ellos te refieres?

TRUMP. — A todos.

SÓCRATES. — Y tienes este saber supremo por
encima del resto del mundo en materia de
gobierno y liderato político. ¿Cierto?

TRUMP. — Así es.

SÓCRATES. — Si anhelas este poder político es
porque te brinda un beneficio, puesto que
una persona con tus conocimientos no que-
rría algo que no le beneficie. ¿De acuerdo?

TRUMP. — De acuerdo.

SÓCRATES. — ¿Dirías igualmente que beneficias a los demás?

TRUMP. — Por supuesto.

SÓCRATES. —¿Qué beneficio derivas tú del poder de gobernar en Estados Unidos?

TRUMP. — Cumplo con la ley de la naturaleza. Me protejo de mis enemigos, ayudo a mi causa y la de mis amigos. ¿Crees que es poca cosa?

SÓCRATES. — No he dicho que sea poca cosa. Lo que aún no me queda claro es si eso te beneficia tanto como crees.

TRUMP. — Muchísimo. El líder no debe avergonzarse de que el poder le brinde beneficios, incluyendo privilegios y placeres, aunque a muchos políticos hoy día les da vergüenza aceptarlo.

SÓCRATES. — ¿No te parece que les da vergüenza aceptarlo por una razón evidente?

TRUMP. — No. Explícate.

SÓCRATES. — Lo haré con un ejemplo. Piensa que un grupo de ciudadanos americanos navega en aguas profundas y sufre un naufragio.

TRUMP. — ¿Un naufragio?

SÓCRATES. — Sí, un naufragio.

TRUMP. — ¿Cuántos náufragos?

SÓCRATES. — Veinticinco adultos y cinco niños. Como dije, un caso hipotético. Los sobrevivientes llegan hasta orillas de una playa solitaria. No saben dónde están, ni cuándo serán rescatados. Concluyen que es preciso decidir sabiamente cómo distribuir los alimentos y el agua, que escasean, de modo que puedan sobrevivir en aquella isla desierta.

TRUMP. — ¿No tienen GPS, ni celular, ni radio?

SÓCRATES. — Todo se perdió en el mar. No pueden comunicarse con el resto del mundo.

TRUMP. — Mala suerte.

SÓCRATES. — En el grupo hay un médico experto en nutrición y salud alimentaria. La mayoría vota y lo escogen como el líder para que determine la mejor manera de distribuir los alimentos.

¿Sabes por qué lo escogieron?

TRUMP. — Obviamente porque es médico y sabe del tema más que los demás.

SÓCRATES. — Siguiendo este razonamiento, su poder sobre la repartición de alimentos se lo concede la mayoría de los náufragos que no saben tanto como él de alimentación porque confían en que utilizará sus conocimientos superiores para ayudarlos a sobrevivir y a estar bien. ¿No es así?

TRUMP. — Así es.

SÓCRATES. — Debemos recordar que el médi-

co de nuestro ejemplo tiene poder sólo porque se lo concedieron los demás náufragos.
Sabemos que no es más fuerte que el grupo
de náufragos, aunque es el más que sabe en
materia de alimentación. ¿De acuerdo?

TRUMP. — De acuerdo.

SÓCRATES. — Exploremos la relación entre saber y poder. El médico del naufragio tiene
poder porque, gracias a su conocimiento,
puede hacer el mayor bien a los demás náufragos. ¿De acuerdo?

TRUMP. — De acuerdo.

SÓCRATES. — En estas circunstancias, hacerlo
bien y con justicia para los demás es igual a
ser justo y bueno consigo mismo. Su poder
no proviene de la ley natural del más fuerte, sea por fuerza física o mental. Proviene
de su conocimiento del bien en materia de
alimentación y de su capacidad de aplicarlo
para beneficio de los demás y para sí mismo.
En este caso el objetivo es alimentarse lo mejor posible para sobrevivir como grupo. ¿Sí?

TRUMP. — Sí, supongo.

SÓCRATES. — Esto nos lleva a confrontar dos
preguntas claves al definir el arte de la política. ¿Cuál es el bien que el pueblo le encomienda al líder político? y ¿En qué consiste
su conocimiento superior para merecer dicha encomienda?

TRUMP. — No creo que el ejemplo es comparable con la práctica política.

SÓCRATES. — ¿Crees que, si el médico del ejemplo oculta una intención egoísta y se sirve con la cuchara grande a costa de los demás, mediante el engaño, traicionando su confianza, se estaría haciendo un bien a sí mismo? ¿O más bien se hace un daño terrible, puesto que su acción es injusta, mala y vergonzosa?

TRUMP. — Depende.

SÓCRATES. — ¿De qué?

TRUMP. — De si puede hacerlo sin que lo agarren. Si se deja atrapar, ahí sería vergonzoso y malo para él.

SÓCRATES. — El médico del ejemplo ejerce el poder con la promesa de que actuará en beneficio del bien común, utilizando su conocimiento con justicia, honestidad y honorabilidad. Su poder es entonces producto de dos cosas. Una, que sabe procurar el bien que se busca y así lo reconoce el resto. Dos, que tiene la virtud moral de hacerlo con justicia, procurando el bien común, sin abusar del poder. ¿No te parece que incurriría en una gran injusticia si usa el poder para su beneficio a costa de los demás que confiaron en él?

TRUMP. — La clave, entonces, es que ellos no se dejen engañar.

SÓCRATES. — Bien. Entonces si fueras uno de

esos náufragos y te enteraras del fraude del médico al que le diste tu confianza, ¿no te rebelarías y usarías todos los medios para detener su abuso del poder?

TRUMP. — Sin duda. Para decirte la pura verdad, yo no le hubiese concedido ese poder irrestricto al médico en tu cuento del naufragio. El poder siempre se presta para el abuso.

SÓCRATES. — Muy bien. En eso estamos de acuerdo. A la luz de lo dicho hasta ahora, ¿qué conocimientos y qué virtudes debe demostrar un líder político antes de que podamos confiarle el poder sobre un pueblo?

TRUMP. — Un líder político no es un médico de la gente. Es un caudillo que los dirige. Para ello debe demostrar hombría, estómago y la determinación de superar los obstáculos. Demostrar que tiene la fuerza del león para amedrentar a los enemigos y la astucia del zorro para reconocer las trampas que le ponen en el camino. Creo que eso lo dijo Maquiavelo. Tiene que mostrar una indomable voluntad de poderío. Eso me parece que es de Nietzsche.

SÓCRATES. — Amigo Trump, he notado ya varios cambios de rumbo en tu opinión sobre las cualidades que debe tener una persona para merecer el poder sobre el pueblo.

TRUMP. — ¿De qué cambios hablas? He sido

claro. No seas payaso, Sócrates.

SÓCRATES. — Procura ser más claro. ¿Qué tipo de payaso soy?

TRUMP. — Dímelo tu.

SÓCRATES. — Hay una historia de Kierkegaard que puede aclararlo.

TRUMP. — ¿El danés?

SÓCRATES. — El danés Søren Kierkegaard. ¿Quieres escucharla?

TRUMP. — Adelante, a ver si dices algo que tenga sentido.

SÓCRATES. — Un circo se instala en las afueras de un pueblo. De pronto estalla un fuego en el circo y el jefe manda al payaso que estaba ya vestido y maquillado para la función que corra hasta el pueblo para pedir ayuda. Entre gritos y lágrimas de desesperación, el payaso pide ayuda a la gente del pueblo. Vengan al circo. ¡Ayuden a apagar el fuego, que lo perdemos todo! ¿Y qué pasa? Que la gente del pueblo se desternilla de la risa puesto que cree que es parte del espectáculo. Se ríen del payaso. Los mata de la risa, pero no le hacen caso. No ven a un hombre que les dice la verdad. Que les revela una realidad que ignoran. Siguen con su vida cotidiana como si nada estuviera pasando. Ven a un payaso, haciendo una payasada y no a un hombre que les dice la verdad.

Puede que ante ti yo me parezca al payaso de este cuento. ¿Estarías de acuerdo?

TRUMP. — Con esos cuentos raros enredaste a Bannon y a Jared. No funcionarán conmigo. ¿En qué he cambiado de opinión?

SÓCRATES. — Examinemos tus propias palabras para salir de la duda. Primero dijiste que lo correcto y lo justo es que mande el más fuerte. Al poco tiempo aclaraste que no se trata del más fuerte físicamente, sino que te refieres a la fortaleza mental. Sin embargo, más tarde añades que esto tampoco es suficiente pues para mandar hay que ser superior a los demás en hombría, arrojo y en la voluntad de poderío. Hasta que cambiaste de opinión al decir que el líder político tiene derecho a mandar gracias a su sabiduría o conocimientos superiores sobre los temas más importantes para un país, el gobierno y la práctica política (*poleos pragmata*). ¿Te das cuenta como has ido cambiando de opinión?

TRUMP. — Todas esas cosas las reúno yo mejor que nadie.

SÓCRATES. — ¿Es eso lo que te da el derecho de mandar sobre los demás?

TRUMP. — Así es. El mejor es el que sabe gobernar sobre los demás y tiene la voluntad y la fortaleza mental para hacerlo. Debe mandar el líder que es mentalmente más fuerte y que mejor conoce los asuntos propios de la política y el gobierno del Estado. Lo justo y lo correcto es que los débiles mentales e ignorantes le obedezcan.

SÓCRATES. — Has dicho que debe mandar el que tiene un conocimiento superior a los demás. Lo que me lleva a pensar que se trata de un saber similar al del buen médico en nuestro ejemplo del naufragio. ¿Crees saber mejor que los demás en qué consiste gobernar bien a tu país?

TRUMP. — Ya te he dicho que sí.

SÓCRATES. — ¿Sabes gobernarte a ti mismo?

TRUMP. —¿Gobernarme a mí mismo?

SÓCRATES. — ¿Crees que gobernar a otros requiere el mismo conocimiento que gobernarse a sí mismo?

TRUMP. — No veo por qué no.

SÓCRATES. — Examinemos por un momento si gobernarse a sí mismo es lo mismo que gobernar una ciudad o un estado.

TRUMP. — ¿Crees que el líder de un país como Estados Unidos no sabe gobernarse a sí mismo?

SÓCRATES. — Eso es precisamente lo que quiero auscultar, con tu ayuda. Un experto en el gobierno de sí mismo es una persona con cualidades distintas a las que describías anteriormente. Debe tener unas excelencias que le permitan practicar habitualmente la justicia, la sabiduría práctica, la valentía y la regulación de sus emociones, tenga o no tenga poder político alguno.

TRUMP. — ¿Para qué le sirve todo eso si no tiene el poder?

SÓCRATES. — Le sirve para vivir en armonía consigo mismo y en libertad de escoger la mejor vida posible, en contraposición a los que viven bajo la tiranía de sus emociones y pasiones irracionales. Para esto sirve saber gobernarse a sí mismo.

Quienes viven sometidos a sus deseos egoístas y pasiones irracionales, sin moderación, sin excelencias morales e intelectuales, alejados de la verdad, viven en guerra consigo mismos y no pueden gobernarse. Esto los lleva a una vida de injusticia, de maldad y de desdicha. Quien no logra gobernarse bien a sí mismo, no sabrá tampoco gobernar bien a los demás. ¿No estás de acuerdo?

TRUMP. — Claro que no. Hablas de una vida reprimida.

SÓCRATES. — No he dicho nada como eso. Digo que saber gobernarse es indispensable para saber gobernar a otros. Y gobernarse bien requiere saber administrar los propios deseos sabiamente, con buen *logos* y *ethos*, mediante la educación y el perfeccionamiento del carácter a través de la vida, que conlleva demostrar excelencias morales como la valentía *(andreia)*, la templanza *(sophrosine)*, la generosidad *(eleutherios)*, el buen carácter *(praotes)*, la amistad *(filia)* y la justicia *(dikaiosine)*. Este conocimiento se manifiesta en un alma ordenada, moderada y feliz.

Por el contrario, un esclavo de sus pasiones irracionales sea la pasión por el dinero, la fama, o el poder político, los placeres o el lujo, no puede gobernarse bien a sí mismo, ni gobernar bien a los demás.

TRUMP. — No sabes de lo que estás hablando. Te diré el secreto de la felicidad, Sócrates. Si quieres ser feliz, sigue tu pasión. Los moralistas, vengan de Atenas, de Jerusalén o de la India, no saben nada de la felicidad, porque nos invitan a ir en contra de nuestra propia naturaleza.

La vida feliz es la que da rienda suelta a las pasiones y la alcanza quien puede satisfacer al máximo sus deseos. Esa es la vida que merece ser vivida, según nuestra naturaleza.

SÓCRATES. — ¿Y crees que alguien que vive así sabe gobernar bien a los demás?

TRUMP. — Yo sí sé. Somos poquísimos en el mundo los que poseemos el carácter, la inteligencia, la fuerza de voluntad para vivir la vida siguiendo nuestras verdaderas pasiones e imponer nuestro poder sobre los demás. Y no hay pasión más fuerte que la búsqueda del poder.

SÓCRATES. — Me pregunto si esa sed de poder es producto de o si produce el carácter soberbio, arrogante y destemplado. Lo que llamamos *hubris,* que es el camino del exceso, el desenfreno, la transgresión, la violencia y el caos.

TRUMP. — Puedo entender que lo veas así. La mayoría solo puede fantasear con esta forma de vida. Sólo unos pocos podemos vivirla. ¿Cuál es el problema?

SÓCRATES. — El *hubris* es lo que produce al tirano. En esto Sófocles llevaba razón.

TRUMP. — ¡Qué obsesión tienes con los tiranos!

SÓCRATES. — *Hubris* es una enfermedad del alma. Te hace codicioso de poder. Es la enfermedad de los tiranos. Hay quienes piensan que la felicidad consiste en vivir satisfecho con lo que se tiene, si se hace con justicia y excelencia. ¿No te parece?

TRUMP. — La codicia es prueba de que estamos vivos. Los muertos ya no codician nada.

SÓCRATES. — (*Pensativo*) Quién sabe si al morir el alma despierta y se da cuenta del daño que se ha hecho a sí y a los demás por culpa del *hubris* y la codicia.

TRUMP. — La codicia es buena. Es saludable. La codicia es vida. Es movimiento. Es cambio.

Es poder. Qué desdichada es la vida de los conformistas y los moderados.

SÓCRATES. — Si me permites, te voy a contar una historia con la esperanza de convencerte de que has caído en un grave error. Me lo contó una mujer latina de Estados Unidos, que me pareció poseer una sabiduría ancestral, mítica.

TRUMP. — ¿Una sabia mujer latina?

SÓCRATES. — Así es. Esta sabia mujer latina me contó en un español rico y colorido que, aunque la mayoría de la gente hoy día ha dejado de creer en el alma, el alma existe y subsiste después de la muerte. Durante la vida, los deseos se acumulan en la parte del alma que es la más fácil de persuadir con engaños, mentiras y falsedades.[10] En el caso de las almas codiciosas, soberbias e incontinentes, esta parte donde están los deseos, es como una red de pesca. Cada vez que intenta saciar sus placeres egoístas y pasiones dañinas, todo lo que recoge se va por los agujeros de la red y no puede retener nada.

Una persona que en vida no hace más que preocuparse por el dinero, la fama y el poder, en realidad no es más que un patético

---

[10] Para una explicación concisa de la teoría del alma en Sócrates y Platón, véase Eva Brann, *Un-willing, An Inquiry into the Rise of Will's Power and an Attempt to Undo It* [Philadelphia: Paul Dry Books], 2014, 249-250.

esclavo obligado a llenar esta red de pescar que no retiene nada de lo que recoge. Y por eso siempre quiere más. Así de insaciables son las almas codiciosas. Esto fue lo que me contó aquella sabia mujer.

¿Crees que alguien que vive así puede gobernarse bien a sí mismo?

TRUMP. — Si no te interrumpo es para que te ahorques con tu propia soga. Continúa.

SÓCRATES. — Pues ya que estás dispuesto a darme soga, deja que te cuente otra breve historia con la esperanza de persuadirte de tu error.

TRUMP. — Sigue.

SÓCRATES. — Se trata de dos hermanos. Dionisio y Marcos.

Dionisio es lo que tu llamarías un hombre exitoso con mentalidad de ganador. Ambicioso, inteligente, mañoso, con voluntad y fortaleza mental. Le domina la pasión por la riqueza y el reconocimiento de la gente rica y poderosa, aunque lo esconde tras la fachada de una imagen cuidadosamente construida de genio de la innovación tecnológica.

Dionisio es reconocido en *Wall Street* como un titán en la industria de las criptomonedas. Su compañía registra billones de dólares en ganancias. Las publicaciones especializadas lo celebran y lo reconocen como el profeta de la tierra prometida de la cripto-economía. A los políticos parece gustarle retratarse con el rey Midas del blockchain.

Dionisio —esto lo saben sus abogados y sus contables— es un evasor contributivo consuetudinario. Emplea todos los trucos, ventanas y puertas, para escapar su responsabilidad contributiva. En privado se burla de los ciudadanos que pagan impuestos. Mientras utiliza el altruismo corporativo como escudo y disfraz.

¿Qué te parece nuestro amigo Dionisio?

TRUMP. — Un hombre exitoso, por lo que me dices.

SÓCRATES. — Marcos, su hermano, es un *kalos kagatos*.

TRUMP. — ¿Un qué?

SÓCRATES. — Es un término difícil de traducir, pero digamos que es la persona que reconoce lo noble, lo excelente, lo justo y lo bueno en cada momento y lo vive ejemplarmente. Marcos es maestro de historia en la escuela pública de su ciudad. Paga cada centavo de sus responsabilidades contributivas y sabe que así no sólo cumple con las leyes, sino que contribuye al bien común. Es un modelo para su familia, sus amigos y sus estudiantes. Los educa y les inspira a ser mejores.

TRUMP. — Parece una vida aburrida y poco importante.

SÓCRATES. — La vida de cada uno de los hermanos pasa por un momento singular.

TRUMP. — ¿Un momento singular?

SÓCRATES. — Sí. Marcos cumple treinta años de servicio como maestro. Han sido treinta años de vocación educativa impecable. Ha publicado un par de libros sobre la educación de niños y el impacto de modelos a seguir en la conducta y en la ética.

La educación te puede parecer aburrida, pero es una profesión de alto riesgo especialmente para el estudiante que pone su alma y su mente joven al cuidado de un maestro o de una institución que lo puede hacer mejorar o lo puede dañar para siempre. El mundo está lleno de maestros mutiladores de almas. Marcos es lo contrario. Es un agricultor del espíritu. Gracias en parte a su capacidad de gobernarse a sí mismo, puede vivir con sabiduría, moderación, virtud, y ser modelo a seguir para sus alumnos y conciudadanos.

Mientras, Dionisio anda muy nervioso en estos días pues ha sido acusado por cargos federales de fraude, evasión contributiva y estafa a miles de sus clientes.

TRUMP. — ¿Cuál es el punto de tu cuento?

SÓCRATES. — Quiero que visualices el alma de cada uno de estos hermanos. [11] Dionisio

---

[11]   Para una explicación sobre el alma en los ritos iniciáticos de

tiene un alma como una red de pesca, en la parte del alma donde se ubican los deseos. Marcos por su parte tiene una caja fuerte, bien custodiada y en perfecto estado, que se mantiene llena de todas las cosas que quiere y necesita. Él tiene el control y la capacidad de administrar y de saciar sus deseos y placeres con sabiduría, armonía y excelencia moral. Marcos no es para nada un abstemio, ni un reprimido. Sabe disfrutar de los buenos placeres de la vida sin hacer daño a los demás ni a sí mismo. Sabe distinguir entre los deseos y placeres que le hacen bien y los que le hacen mal. Su felicidad consiste en vivir y actuar con excelencia moral. Por eso, su caja fuerte está llena y no vive jaloneado por el desenfreno de mantenerse saciando una sed insaciable. Mientras Dionisio no para de tener sed con una red de pesca que no retiene nada.

Reflexiona y considera si prefieres tener tus pasiones en una caja bien protegida o depender de una red de la que se te escapa todo lo que deseas al instante.

TRUMP. — Dionisio tiene ambición, empuje competitivo y el deseo de ganar. Su problema con los cargos federales es que lo atraparon.

Eleusis, véase Walter Burkert, *Religión Griega, Arcaica y Clásica* [Abada Editores: Madrid], 2007, 367-370.

SÓCRATES. — Dionisio es un embaucador, un tramposo, un desleal, que le ha escamoteado billones de dólares a sus clientes por causa de su sed insaciable y su falta de carácter. ¿Ves la diferencia entre estas dos vidas?

TRUMP. — La clave es que Dionisio hace todo lo que le da placer, sin medida, y Marcos anda contando y racionando los deseos y placeres. Prefiero lo primero, si sabes hacerlo con maña sin meterte en problemas con la justicia.

SÓCRATES. — Examinemos un ejemplo que no implica el castigo de la justicia. Si un hombre sufre de un picor irreprimible en la nariz y el rascarse le da mucho placer. ¿Será feliz y admirable si vive rascándose?

Algunos del público estallan en una risa nerviosa.

TRUMP. — (*Riendo con sarcasmo*) Eres un tipo raro Sócrates. ¿Qué clase de pregunta es esa?

SÓCRATES. — Contesta.

TRUMP. — Esto del picor es un problema. Pero si el rascarse le alivia y le da placer, qué te importa.

SÓCRATES. — Pero no llamarías a esa vida, por placentera que sea, la vida de un ganador, admirable, feliz. ¿Cierto?

TRUMP. — Cierto. Pero a mí me da igual lo que haga.

SÓCRATES. — Claramente no lo llamas ganador. No la reconoces como una vida admirable y feliz, ¿cierto?

TRUMP. — Cierto.

SÓCRATES. — ¿Por qué?

TRUMP. — Porque el rascarse alivia, pero no resuelve el problema del picor. Aunque le de placer, rascarse constantemente es una actividad inútil y ridícula.

SÓCRATES. — Estamos de acuerdo. Hay placeres que llamamos útiles y beneficiosos, y otros placeres que podemos llamar inútiles y perjudiciales. ¿De acuerdo?

TRUMP. — De acuerdo.

SÓCRATES. — A los placeres útiles o beneficiosos los llamamos buenos y a los placeres inútiles o perjudiciales los llamamos malos. ¿Te parece?

TRUMP. — Sí.

SÓCRATES. — Los placeres buenos y útiles decimos que son admirables. Y a los malos e inútiles les llamamos vergonzosos. ¿Lo he dicho bien?

TRUMP. — Bien.

SÓCRATES. — Evaluemos juntos el consejo popular que nos diste antes: "Si quieres ser feliz, sigue tu pasión". ¿Consideras que tu pasión es útil y admirable?

TRUMP. — Sin duda.

SÓCRATES. — Porque si creyeras que tu pasión es inútil, perjudicial o vergonzosa, no la perseguirías. ¿Cierto?

TRUMP. — Cierto.

SÓCRATES. — Bien. La pasión de un fulano llamado Ted Bundy, era el deseo abominable de secuestrar, abusar y matar a jóvenes inocentes. ¿Crees que en ese caso seguir la pasión le hacía un hombre justo, admirable y feliz?

TRUMP. — Estas hablando de un psicópata, asesino en serie, por Dios. ¿Cómo voy a decir que eso puede ser una vida justa, admirable o feliz?

SÓCRATES. — Tomemos el caso de un político con gran fortaleza mental, sagacidad y habilidad retórica, y gran poder. ¿Su pasión? Elevar la supremacía de la raza aria sobre el resto de las razas y convertir a Alemania en un poder imperial, de paso eliminando a los judíos a quienes declaró sus enemigos. Hitler, no lo negarás, seguía su pasión y la persiguió con todas sus fuerzas y capacidades. ¿Crees que Hitler vivió una vida buena, honorable y feliz?

TRUMP. — Claro que no. Lo que hizo Hitler es una aberración.

SÓCRATES. — Bien. Es decir que, si tu pasión produce males, daños e injusticias, no puede llevarte a la felicidad, por más fuerte que sea dicha pasión. ¿No es así?

TRUMP. — Así es.

SÓCRATES. — Hay pasiones, por fuertes y profundas que sean, que son dañinas y si le damos rienda suelta nos llevarían a una vida torcida, vergonzosa, enferma e infeliz. La pasión por sí sola no es un criterio confiable para encontrar el camino de la vida plena, justa y admirable que debemos vivir. ¿Qué criterio podemos emplear para encontrar ese camino?

TRUMP. — No es difícil. Ya lo he dicho antes. La ley natural. Que mande el de mayor fortaleza mental y el que más sabe.

SÓCRATES. — Y si alguien tiene la fortaleza mental y la sabiduría que le faculta para mandar al resto de la gente, ¿dirías que es una persona buena, excelente, admirable y feliz?

TRUMP. — Claramente. Y vivir así es el mayor placer. Te lo digo por experiencia.

SÓCRATES. — Hay placeres que se buscan porque son buenos y producen un bien. Y hay dolores que aceptamos, porque a pesar de doler, producen bien. Por otro lado, hay placeres que nos hacen daño y producen mucho mal, y lo correcto es que nos alejemos de ellos. ¿Te parece?

TRUMP. — Sí.

SÓCRATES. — Todo arte, ciencia aplicada, profesión o área de estudio se dirige a un bien— una vez más Aristóteles aclara las cosas mejor que yo. Y el bien supremo del ser humano es lo que llamamos felicidad (*eudaimonia*). Por consiguiente, si hacemos algo o escogemos el camino que nos hace mal debe ser por ignorancia, error, incontinencia o debilidad de carácter. ¿No estás de acuerdo?

TRUMP. — Parece que tienes razón.

SÓCRATES. — Cuando hacemos algo para producir un bien, sea un bien cualquiera o el bien supremo de la vida, a veces será placentero, a veces será doloroso y a veces neutral. ¿Cierto?

TRUMP. — Supongo.

SÓCRATES. — Siguiendo estas opiniones, no debemos pensar que en la vida lo bueno está al servicio de lo placentero, sino que es a la inversa. El placer debe procurarse cuando está al servicio de lo bueno y cuando produce algo útil y beneficioso. En el caso de una vida entera, lo placentero y lo doloroso se deben escoger si nos conducen a la vida de excelencia. Esta vida admirable, es la vida que merece ser vivida.

¿No estás de acuerdo?

TRUMP. — No sé. No me queda claro el punto.

SÓCRATES. —Hemos acordado que lo placentero y lo beneficioso no es lo mismo. Cabe preguntarse, ¿quién está en mejor posición de decirnos cuáles son los placeres beneficiosos y cuáles son perjudiciales?

TRUMP. — Tú me dirás.

SÓCRATES. — Nada difícil. En el arte de la música, ¿quién puede decirnos lo que es beneficioso sino es el maestro de música? En la salud, ¿no es el médico quién tiene el conocimiento para decirnos cuáles placeres nos hacen daño y cuáles nos devuelven la salud?

TRUMP. — Supongo que sí.

SÓCRATES. — Y en materia de política y gobierno, que se ocupa del bienestar y la felicidad de un país, ¿quién está en mejor posición de decirnos qué cosas placenteras nos hacen bien y qué cosas nos destruyen?

TRUMP. — Confío en mi propio juicio.

SÓCRATES. — No cualquiera puede conocer lo que es bueno para un país, aunque sea desagradable para la gente. ¿Quién está en posición de conocer los placeres que son beneficiosos y los que son destructivos para los ciudadanos de un país?

TRUMP. — Ya te dije que los más fuertes y listos somos los que podemos ser pastores de pueblos. Para hacerlo efectivamente confío en mi buen juicio.

SÓCRATES. — Si tienes buen juicio debe ser porque reconoces los placeres que hacen bien y los que te hacen mal. Hemos establecido desde el principio de la jornada que hay actividades que no producen un bien, a pesar de que dicen producirlo pues recurren al engaño y la propaganda. Esto quedó al descubierto cuando hablábamos de la industria de alimentos ultraprocesados.

En mi opinión, lo mismo ocurre con la retórica que pones en práctica. Tu maña retórica te ayuda a persuadir a la gente, pero no sirve para ayudarlos a conocer lo que verdaderamente les hace bien y lo que les hace mal. Por tanto, no sirve para distinguir al buen gobernante del malo. Un pastor que guía a sus ovejas tan sólo para llevarlas al matadero, no me parece un modelo de buen líder político, por fuerte y astuto que sea.

TRUMP. — Sigue, a ver si llegas a decir algo que tenga sentido.

SÓCRATES. — Bien. Si la política y la retórica sólo se preocupan por saciar la ambición de poder, manipulando las emociones del pueblo, persuadiendo con engaños a la audiencia, es forzoso concluir que ni en la política ni en la retórica encontraremos lo que necesitamos para distinguir entre los placeres buenos y los malos.

Ni en la política, ni en la retórica encontraremos criterios confiables para escoger el camino de la vida óptima y buena que queremos vivir. De la vida feliz, que es el fin último del ser humano. ¿Tiene algún sentido lo que digo?

TRUMP. — Ninguno.

SÓCRATES. — Para hacerlo más sencillo, digamos que hay dos caminos. Un camino es el del entretenimiento, el de complacer y manipular la verdad con la retórica, para acrecentar la influencia y el poder. El otro camino es el que se rige por la razón, la virtud, el deseo de educar para que cada uno pueda vivir la mejor vida posible. El primer camino es ilegítimo por ser engañoso y dañino. El segundo es más prometedor porque conduce al camino del autoconocimiento, el bien y la felicidad.

¿Cuál de estos caminos le recomiendas al líder político que quiere gobernar bien?

TRUMP. — Un gran político se mide por el poder que pueda adquirir, ejercer y preservar durante el mayor tiempo posible. Eso de educar, sembrar la virtud y buscar la verdad no es cosa de los políticos. Les toca a los filósofos, científicos, académicos y "expertos" que no saben nada de cómo funciona el poder en la vida real.

SÓCRATES. — ¿Qué te hace pensar que tu fortaleza mental y tus conocimientos te facultan para gobernar bien?

TRUMP. — Mi récord es claro y conocido. El mejor líder que se sabe dar a respetar a él y a su país ante el resto del mundo. Protege sus fronteras de invasiones y de inmigrantes ilegales. Defiende a su pueblo y sabe enfrentar a sus enemigos sin misericordia.

AGENTE DE SEGURIDAD. — Con permiso. Lo que ha ido ocurriendo se ha filtrado a la prensa, aunque a la prensa no podemos creerle todo. Esto ha exacerbado los ánimos de los manifestantes.

TRUMP. — ¿Qué dice la prensa? ¿Qué dice Fox News?

IVANKA. — (*Señalando las pantallas*) Es mejor que lo veas por ti mismo.

Trump les hace una señal a los agentes de seguridad y se activan los monitores con dos canales de TV simultáneamente. En la pantalla de un lado sale Fox News y en las del otro lado, CNN.

El "news ticker" de Fox dice: "Sócrates ataca la democracia americana. Trump la defiende".

El "news ticker" de CNN: "Sócrates vs. Trump. Trump quiere acabar con la Constitución y defiende el derecho del más fuerte".

Las imágenes de los que protestan aparecen en las pantallas. Se muestran pedradas, palos, empujones. Miles de personas han entrado a las inmediaciones de propiedad de Mar-a-Lago. Hay unos vestidos de vikingos con espadas. Otros con indumentaria paramilitar, ropa de fatiga y máscaras anti-gas. Hay humo, pero no queda claro de dónde viene.

Me acerco a Sócrates y de pronto me parece más viejo y frágil que hace un rato.

QUEREFÓN. — Sócrates, hay una ruta de escape y mis amigos de Palm Beach nos pueden ayudar a salir de aquí sanos y salvos.

SÓCRATES. — Querido amigo, terminemos lo que empezamos.

QUEREFÓN. — Ya has hecho suficiente. Aquí nadie va a aprender nada. Este país es un gran nido de fanáticos ignorantes.

SÓCRATES. — No puedes generalizar por lo que dicen los más ruidosos. Tampoco creo que hayas calibrado el impacto que puede tener este diálogo. Recuerda lo que te he pedido y asegúrate de que se conozca lo ocurrido aquí. Cumple tu palabra y no te dejes vencer por las emociones del momento.

QUEREFÓN. — Cumpliré.

SÓCRATES. — (*Sonríe y me toca la mejilla con una mirada de ternura*). Sé que ya has hecho mucho por mí y harás más en el momento oportuno. Si no volvemos a hablar, recuerda dejar al gallo en libertad. Ya no le debemos nada a nadie.

Me quedo en tarima como si nada pasara, aunque con un mal presentimiento.

AGENTE DE SEGURIDAD. — A pesar de los disturbios, la propiedad de Mar–a–Lago es segura. Le pedimos sin embargo que no salgan de esta área, que está particularmente protegida por nuestros agentes. Le informaremos sobre cualquier cambio.

TRUMP. — (*Mirando a Bannon y a Jared*) Aquí la seguridad sabe hacer su trabajo. Así es que tranquilos que podemos seguir. Sócrates preguntaba, antes de la interrupción, en qué consiste el bien que busca la política. Sócrates, el gobierno justo y por tanto el mejor gobierno de todos es aquél en el que el más fuerte manda, con las menores restricciones posibles.

Mandar de verdad y ser injusto, es una y la misma cosa. Es una versión de algo que dijo Nietzsche. Y es que lo débiles nos han vendido una versión de la justicia ajena a nuestra naturaleza.

SÓCRATES. — ¿Crees que el mejor gobernante es necesariamente injusto?

TRUMP. — Según la definición convencional de la justicia, sí. Lo injusto, por ser contrario al orden natural, es que los débiles manden y sometan a los más fuertes.

SÓCRATES. — ¿Qué hacen los más fuertes una vez tienen el poder?

TRUMP. — En mi caso, protegemos a la gente de los peligrosos extranjeros que quieren invadir este país. Por eso mi gran obra es el muro en la frontera con México.

SÓCRATES. — Si fueras a escoger un general para comandar a tus ejércitos en una guerra, ¿escogerías a un novato sin conocimientos o a uno que tenga conocimiento probado, experiencia y reputación de gran estratega?

TRUMP. — Lo segundo.

SÓCRATES. — Si fueras a construir un gran puente, ¿buscarías a arquitectos e ingenieros con conocimientos, experiencia y resultados probados o a los que no han estudiado ingeniería y nunca han hecho ese tipo de cosas?

TRUMP. — A los primeros.

SÓCRATES. — Y si tuvieras que enfrentar una enfermedad grave, ¿acudirías a los mejores y más reputados médicos en los mejores hospitales o te pondrías en manos de unos ignorantes sin credenciales médicas en cualquier tugurio?

TRUMP. — Acudiría a los más reputados y en los mejores hospitales.

SÓCRATES. — Entonces creo que estamos de acuerdo que cuando necesitamos un resultado determinado, sea ganar una guerra, construir un gran puente o recuperar la salud, vamos a los mejores y más conocedores y experimentados practicantes de la ciencia aplicada o el arte que se necesita para cada empresa que nos ocupa. ¿Verdad?

TRUMP. — Sí. Y un buen gobernante no tiene que saberlo todo. La clave es que sepa buscar en cada caso a quien mejor pueda hacer el trabajo.

SÓCRATES. — Bien. ¿Cómo puede el gobernante seleccionar los mejores consejeros y más sabios asesores si no tiene conocimientos verdaderos en cada tema de importancia para el país?

TRUMP. — ¿A qué te refieres?

SÓCRATES. — ¿No te parece que cuando el pueblo va a escoger a quién los gobierne, deben asegurarse de buscar a los que tienen mayor conocimiento, experiencia probada y buenos resultados en el arte del buen gobierno y en la administración de la cosa pública, ya que ellos no son expertos en dicho arte?

TRUMP. — Tiene sentido. Aunque es muy difícil saber de antemano quien puede hacerlo bien hasta que no tenga el poder.

SÓCRATES. — He aquí un escollo. Tú me has querido convencer de que la habilidad retórica, la fortaleza mental y la astucia son los criterios más confiables para determinar si una persona es un buen líder político. Pero esto no me ha convencido.

¿Cómo debe el ciudadano seleccionar al mejor gobernante?

TRUMP. — Haces preguntas como un niño. Te lo voy a explicar como a un niño.

SÓCRATES. — Los niños tienden a hacer las mejores preguntas.

TRUMP. — Puede ser que para persuadir yo tenga que entretener, complacer, apelar a las emociones. Pero eso no significa que me crea todo lo que digo. Hay cosas que el pueblo quiere escuchar y otras que no.

SÓCRATES. — ¿Crees que el mejor político hoy día es el que más entretiene y complace al pueblo?

TRUMP. — Eso es una simplificación de la democracia. Te voy a mencionar tres ejemplos de grandes líderes de la democracia. Pericles, el gran líder de la democracia ateniense. Otto von Bismark, el gran canciller de Alemania. Y Trump, el gran líder de Estados Unidos en el siglo XXI.

Ahí tienes tres ejemplos de gobernantes y líderes políticos superiores, los mejores, cada uno en su tiempo.

SÓCRATES. — ¿En qué consiste su superioridad?

TRUMP. — Hicieron a sus países más grandes, fuertes y poderosos.

SÓCRATES. — Hubiese pensado que lo que los hace superiores, los mejores como dices, es que lograron hacer mejores a los ciudadanos y a los pueblos que gobernaron. ¿No te parece?

TRUMP. — Sí.

SÓCRATES. — Si los ciudadanos se hicieron mejores individual y colectivamente fue porque perfeccionaron su carácter y aumentaron sus excelencias morales y su sentido de justicia. En el caso de Pericles habría que examinar si gracias a su buen gobierno, los atenienses se volvieron más valientes, leales, agradecidos, generosos, justos, industriosos, amigables y felices. ¿No te parece?

TRUMP. — Sí.

SÓCRATES. — ¿Crees que los atenienses se volvieron así de buenos gracias al gobierno de Pericles?

TRUMP. — Dímelo tú.

SÓCRATES. — No. Esto es lo que confirmaría el propio Pericles si estuviera con nosotros. Admitiría que se volvieron engreídos, egoístas, perezosos, quejosos, injustos y resentidos, por lo que no podríamos reconocerle a Pericles esa superioridad que le adjudicas.

TRUMP. — Si fueron malagradecidos, desleales, engreídos y egoístas lo sabrás tú que viviste en ese tiempo.

SÓCRATES. — Pues lo has dicho bien. Quizás desconoces el lamento de Pericles al salir del gobierno.

TRUMP. — ¿A qué te refieres?

SÓCRATES. — Hacia el final de su carrera como líder de los atenienses, Pericles fue acusado y enjuiciado por ese pueblo, por alegados actos de corrupción. Quienes gozaron las glorias de su gobierno, luego lo condenaron a muerte. Desmoralizado por la ingratitud de su pueblo al que gobernó por tantos años, Pericles se dio cuenta de que al final de su gestión política estaba ante un pueblo mucho peor al que había encontrado al comienzo. Aunque le perdonaron la vida, Pericles llegó al final de sus días triste y abatido por el fracaso. ¿No crees que esto fue el resultado de un mal gobierno?

TRUMP. — No lo sé.

SÓCRATES. — El caso de Bismark y el pueblo alemán que gobernó antes de la Primera Guerra Mundial es aún más grave. Bismark fue el líder de la unificación de Alemania y convencionalmente se le reconoce como un gran estadista. Sin embargo, no parece haber tenido éxito en hacer más virtuosos a sus conciudadanos. Tal parece que sembró una pasión de guerra, de dominio y de conquista que preparó el camino para las grandes guerras del siglo xx. El británico William Gladstone recogió esta opinión en pocas palabras: "Hizo a Alemania grande y pequeños a los alemanes."

TRUMP. — Quizás tienes razón. En mi caso, nada de eso se puede decir. Yo no inicié ninguna guerra en mi presidencia. Más bien, evité las guerras. Si he sido acusado criminalmente ha sido una componenda de mis enemigos políticos y no por que el pueblo quiera hacerme mal.

SÓCRATES. — Vamos a examinar tu caso. ¿Crees que tu gobierno hizo a los ciudadanos de Estados Unidos más virtuosos, es decir, más justos, generosos, sabios, templados, honorables, tolerantes, solidarios, moderados o por el contrario se volvieron peores?

TRUMP. — Algunos mejores, otros no. Así es la política.

SÓCRATES. — El verdadero arte de la política (*alethos politike techné*) no consiste en construir muros, obras públicas, aumentar armamentos, ni en tener los mejores equipos y ejércitos para la guerra. Ni en aumentar la beneficencia social, sin medida, ni tampoco en mayores alivios contributivos para los que tienen más recursos. Ni en mantener a grandes sectores del pueblo entretenido, ignorante y complacido, mediante la manipulación y la maña retórica.

El verdadero arte de la política es el arte de hacer mejores a los ciudadanos. Es decir, en que sean más justos, valientes, sabios, educados, libres y capaces de gobernarse a sí mismos. Es forjar las condiciones para que el pueblo sea moralmente excelente en comparación con otros pueblos. Es mejorar el alma, la actitud y el carácter de los ciudadanos para que puedan alcanzar la felicidad del país entero.

TRUMP. — Supongo que sabes todo esto por tu

vasta experiencia como gobernante y líder de pueblos.

SÓCRATES. — Si la política es el arte de mejorar el alma de los ciudadanos, puede que yo sea un buen político, a pesar de mi ignorancia.

TRUMP. — Eres muy débil para ser un buen político. Además, haces demasiadas preguntas.

SÓCRATES. — El más fuerte de todos los hombres es el que logra gobernarse a sí mismo. Si mis preguntas ayudan a otros a lograrlo, puede que yo sea mejor político que tú.

TRUMP. — La verdad Sócrates es que eres un extranjero peligroso. Un agitador. Una mosca molestosa que busca crear discordia donde no la hay. Este país me ha elegido para llevarlo a la grandeza y lo único que tienes que saber es cuando debes hacer silencio. ¿No te cansas de ser repetitivo? No es posible hacer mejores a los ciudadanos. Son como son. Lo que se requiere del político es que sepa dirigirlos con maña, a veces complaciendo y a veces con mano fuerte.

SÓCRATES. — Esa forma torcida de practicar la política es la corrupción del alma de los pueblos. Luego, los líderes que abusan del poder se quejan amargamente cuando el pueblo es injusto con ellos.

TRUMP. — Yo no me quejo.

SÓCRATES. — Tu vida política no ha terminado. Ya veremos si te quejas o no en el futuro.

TRUMP. — ¿A qué te refieres?

SÓCRATES. — Todos habremos de morir, tarde o temprano. La clave está en cómo elegimos vivir. Tu propones una vida gobernada por la insaciable sed de poder y lamento que se acaba el tiempo para rectificar.

Se escuchan fuertes explosiones y gritos a lo lejos.

AGENTE DE SEGURIDAD. — Esto es una emergencia. El perímetro del Club ha sido invadido y todos tenemos que desalojar el salón de inmediato. Los invitados se moverán con los agentes hacia el lado sur del Club Mar–a–Lago. Por su seguridad deben seguir las instrucciones al pie de la letra.

Suben a la tarima un contingente de diez agentes de seguridad. Uno de ellos, el líder, dice con calma y autoridad:

AGENTE DE SEGURIDAD. — El Sr. Trump y las personas en tarima vendrán conmigo.

Seguimos a los agentes sin preguntar. Trump iba al frente, seguido por Ivanka, Jared, Bannon, Sócrates y yo. Bajamos unas escaleras en espiral y caminamos un pasillo largo hasta que entramos al llamado "bunker presidencial". Noté un área con múltiples pantallas, una mesa con doce sillas, y al fondo, una acogedora salita. En las pantallas se observan cientos de personas empujando las puertas de la entrada del Club Mar-a-Lago, que todavía resisten el empuje. Algunos tratan de entrar por las ventanas que rompen con palos y piedras.

Trump, Bannon y Kushner se han colocado frente a los monitores y hablan entre sí o escriben en sus móviles.

Fox News publica una serie de Tweets de Trump:

Tweet 1 de Trump: En Mar-a-Lago, unos revoltosos, dirigidos por el extranjero Sócrates, han venido a atacar la nación americana. Tenemos que parar las ideas subversivas de Sócrates y sus aliados.

Tweet 2 de Trump: Sócrates debe pagar. Nuestra gente se da a respetar.

Tweet 3 de Trump: Sócrates es un peligro. Debe responder por estos disturbios. Nuestra gente sabrá qué hacer con él.

Mientras Trump agita las masas y escribe en los medios sociales, Sócrates se ha sentado tranquilamente con Ivanka en la salita, como si nada estuviera pasando. Trump gesticula frente a los monitores del centro de mando. Lo acompañan Bannon y Jared. Yo me acerco a Sócrates y me quedo de pie sin interrumpir.

PARTE V
IVANKA O EL INEFABLE MISTERIO DE LA MUERTE

IVANKA. — Sócrates, quisiera que me hables sobre el alma después de la muerte.

SÓCRATES. — Ivanka, ese es un tema tan escabroso y difícil que no creo que tengamos el tiempo suficiente para examinarlo como es debido.

IVANKA. — Aunque seas breve, me interesa escuchar tu opinión.

SÓCRATES. — ¿Tu madre era católica?

IVANKA. — Sí.

SÓCRATES. — ¿Tu padre?

IVANKA. — En materia de religión es inclasificable. Alguna vez me dijo que lo inspiró un ministro metodista de nombre Norman Vincent Peale que publicó un libro famoso: *Positive Thinking*.

SÓCRATES. — Tú tuviste una conversión religiosa. ¿No es así?

IVANKA. — Una de las decisiones más importantes de mi vida.

SÓCRATES. — Querida Ivanka, te tomo en serio, como persona pensante y libre. Esta conversión requiere aceptar libremente una doctrina y una fe.

IVANKA. — No se hace de la noche a la mañana. Me ayudaron el rabino Haskel Lookstein y otros de la Congregación Kehilat Jeshurun de Manhattan.

SÓCRATES. — ¿Por qué te convertiste tú al judaísmo y no Jared al catolicismo?

IVANKA. (*Se ríe*) — Eso exactamente fue lo mismo que preguntó mi padre cuando le dije que lo haría.

SÓCRATES. — ¿Qué contestaste?

IVANKA. — Le expliqué que era una decisión mía y lo quería hacer. Que nadie me obligaba.

SÓCRATES. — ¿Qué dijo tu papá?

IVANKA. — ¿Qué dijo? Que, de todos modos, mucha gente creía que él era judío. Que tiene muchos amigos judíos y que ama a Israel.

SÓCRATES. — ¿Le has hablado del alma humana después de la muerte?

IVANKA. — Nada de eso.

SÓCRATES. — ¿Que dice la fe judía sobre eso?

IVANKA. — Creo que la Torah no atiende el tema directamente, pero hay diversas doctrinas que se derivan de los principios del Torah. Escuché a un rabino decir que luego de la muerte el alma enfrenta un juicio individual en el que Dios juzga el alma por la conducta en esta vida. Si fue justa se le premia y si fue injusta se le castiga.

SÓCRATES. — ¿Y cómo ocurre ese juicio?

IVANKA. — Francamente no lo sé. El rabino Telushkin explicaba que todo tiene que ver con la bondad y la justicia de Dios. Si Dios es infinitamente bueno y justo, debemos creer que compensará a los justos y castigará a los injustos. Para un judío, pensar que la existencia humana es todo lo que hay, implica aceptar que un tirano genocida como Hitler y todas sus víctimas comparten el mismo destino. Un Dios bueno y justo no permitiría eso. Esto sería la derrota del bien y la justicia. Y aunque todo esto está cubierto de misterio, debemos confiar en la justicia de Dios.

SÓCRATES. — Hay que andar con cuidado en este tema que es, hasta cierto punto, inefable. Mis opiniones sobre el alma y los mitos escatológicos son de las cosas que dije que menos popularidad tienen en estos tiempos.

IVANKA. — La muerte sigue siendo un gran misterio.

SÓCRATES. — "*Ta Mysteria*". En la antigua Atenas, "*myterion*" se refiere a los ritos secretos de iniciación. De joven me inicié en los misterios de Eleusis, en el templo de Démeter, la diosa de la tierra y el renacimiento. Aquello era un evento extraordinario y una especie de entrenamiento espiritual para perder el miedo a la muerte.

IVANKA. — ¿Cuál es el misterio?

SÓCRATES. — Tendrías que iniciarte para experimentarlo. No es posible contarlo.

IVANKA. — Te pido que me compartas tu opinión, aunque no esté de moda.

SÓCRATES. — ¿Recuerdas la creencia de los antiguos egipcios?

IVANKA. — No.

SÓCRATES. — Los egipcios tenían nociones profundas y sofisticadas sobre el mundo del más allá. En ese mundo, el alma emprende un viaje acompañado del dios Anubis que le conforta y le conduce hasta el Gran Salón de la Verdad.

IVANKA. — Volvemos al tema de la verdad.

SÓCRATES. — Así es. En el Gran Salón de la Verdad no hay espacio para la mentira, la manipulación o el engaño. Allí se celebra un juicio, ante Maat y 42 deidades asesoras. Osiris es el juez presidente del juicio.

El muerto, o más bien su alma, debe recitar una serie de confesiones negativas que se detallan en *El Libro de los Muertos*, para confirmar que fue una persona de bien.

No he vivido con falsedad;

No he robado;

Bendito Fenti, no he destruido lo que es de otros;

No he asesinado.

Y así sigue la larga lista de confesiones negativas a cada deidad asesora:

No he incumplido mis deberes con la deidad;

No he desperdiciado alimentos;

No he sido codicioso de lo ajeno;

No he sido mentiroso;

No me he degradado a mí mismo;

No he sido corrupto;

No he traicionado la confianza de mis amigos;

No le he quitado el pan a quien lo necesita;

No he promovido la discordia; No he causado el terror;

No he violado la ley;

No he dejado que me venzan el odio, la ira, ni los impulsos violentos;

No he hecho mal injustamente;

No he hecho riqueza de forma injusta o deshonesta;

No he codiciado el poder.

Mas o menos así van. Se me quedan unas cuantas, pero te haces una idea.

Luego de esta confesión personal, llega el momento crucial. Osiris, observa en silencio. Nadie dice una palabra. Anubis pone en la balanza el corazón que simboliza el alma cargada con todas las acciones y pensamientos del muerto. En el otro platillo de la balanza está la Pluma de la Verdad.

IVANKA. — ¿Y qué pasa entonces?

SÓCRATES. — Es el momento de la verdad suprema. Si el corazón y la Pluma de la Verdad pesan lo mismo, se declara que es un alma pura y puede continuar su viaje en el más allá. Si el corazón, cargado de mentiras, faltas y vicios acumulados en vida, resulta más pesado que la Pluma, el alma es devorada de inmediato por un monstruo mítico de nombre Amyt. Así acaba toda esperanza de continuidad.

IVANKA. — Violento final. ¿Realmente crees este mito egipcio?

SÓCRATES. — No. Pero creo en la justicia y en el alma. El mito es una manera de expresar cosas que no se pueden expresar con razonamientos lógico-matemáticos.

IVANKA. — ¿Qué pasa con el alma de los ateos?

SÓCRATES. — Escuché a un filósofo francés contar que el alma de un ateo queda desnuda al momento de la muerte y se enfrenta así a un tribunal de tres jueces: Carlos Marx, Sigmund Freud y Federico Nietzsche. Cada uno emite su veredicto. Marx siempre concluye que se trata de un alma burguesa contaminada por el deseo de la propiedad privada. Nietzsche siempre concluye que en vida no hizo suficiente para allanar el camino del

Superhombre. Finalmente, Freud concluye que se trata de un alma demasiado sometida a los dictámenes del Superego. En ese tribunal, nadie se salva.

IVANKA. — ¿Crees ese cuento?

SÓCRATES. — Claro que no. Es una ironía entretenida.

IVANKA. — Dime, ¿qué pasa con el alma al momento de la muerte?

SÓCRATES. — Te contaré un mito apócrifo que tomo por verdadero. Cuando una persona muere, no importa si es creyente o no creyente, su alma emprende un viaje al más allá. El alma viajera llega a su primera parada. Un hermoso prado, colmado de flores silvestres de colores violeta, naranja y amarillo. Un sol cálido y acogedor la conforta. Siente una brisa fresca y una inmensa sensación de paz, serenidad y bienestar.

Libre de toda perturbación, el alma viajera disfruta de un paisaje natural en el que siente una extraordinaria libertad y calma hasta que de pronto se da cuenta de que no está sola.

IVANKA. — ¿Quién le acompaña?

SÓCRATES. — Se encuentra rodeada de todas las personas a quienes amó, estén vivos o muertos. Padres, hermanos, hijos, amigos, colegas, maestros, mentores, personas a las que admiró. Todos los que compartieron con él la justicia, la amistad, la caridad y el amor. Si creyó en Jesucristo, está Jesucristo. Si creyó en Krishna, está Krishna. Si creyó en los ángeles, igual están allí. Los autores que más le influyeron, que lo educaron, que lo apasionaron, allí están presentes. Las personas que admiró en vida todas están allí. Toda persona que tuvo un impacto real en su vida para bien. Nadie lo abraza, ni se le acercan. Ya no lo puede abrazar nadie, pues está muerto. Simplemente le aplauden, se sonríen, algunos con lágrimas de emoción. Casi siempre una madre, un padre, o los hijos le envían un beso, pero no lo tocan porque es un alma y no es un cuerpo.

IVANKA. — Me parece una escena muy emocionante y desconcertante.

SÓCRATES. — Lo es. Es un momento de gran emoción y, en muchos casos, de alegría por haber vivido. Al poco tiempo, el alma se da cuenta de que esta no es más que una parada y no su destino final. El viajero, aunque casi nunca quisiera irse de ese lugar lleno de amor, de luz y de sana calidez, se ve forzado a despedirse porque una fuerza irresistible lo arrastra gradualmente. Aunque camina, lo hace casi sin tocar el piso, hasta que vuelve a quedarse solo y llega a un claro en el bosque. En esta segunda parada el alma ya no siente el bienestar, la calidez y luz de la anterior. Es un lugar cubierto de árboles y no se ve la luz del día. Al caminar un poco más ve que hay un río y en la orilla hay una barca de madera vacía, de aspecto muy antiguo. Está pintada de un intenso color rojo.

El viajero, sin que nadie le diga nada, sabe que se tiene que montar en la barca y al hacerlo, la nave comienza a moverse y se conduce sola por el río. No tengo idea cuánto tiempo dura el trayecto, pero es un tiempo suficientemente largo para que el alma sienta la mayor soledad que haya sentido en toda su existencia. Al llegar a la otra orilla, entre la bruma, se ve una figura con una túnica blanca que le espera. Al fondo, emerge la silueta de un Templo.

Al llegar a la orilla, el viajero puede ver al personaje de la túnica blanca lo que le desconcierta pues siente que es una versión de sí mismo. Sin decir nada el personaje de la túnica blanca lo dirige hasta la entrada del Templo. Al acercarse, una gran puerta de madera en dos hojas se abre de par en par. El personaje de la túnica blanca le sonríe y le indica con la mano que entre. El viajero entra y se percata de que no hay nadie en un gran salón. Hay tres monumentales espejos en cada una de las paredes y en la esquina, al fondo, una pequeña puerta de madera en forma de arco. Toma tiempo ajustar la vista hasta poder ver el reflejo de los espejos.

En el primer espejo se ven vívidamente,

como en 3-D, las imágenes de todas las injusticias y maldades cometidas por el alma viajera en su vida humana. No se sabe cuánto tiempo dura esta parte, pero es imposible despegarse de allí hasta verlo todo.

Luego pasa al segundo espejo y allí puede ver el efecto de su maldad y sus injusticias en cientos, miles o millones de personas que sufrieron por su culpa. Esto dura no sé cuánto tiempo y no puede moverse de allí hasta no verlo todo.

En el tercer espejo se refleja lo que pudo haber sido su vida si hubiese escogido vivirla con moderación, bien, excelencia moral y justicia. No se sabe a ciencia cierta pero el alma puede estar allí unos minutos, años o siglos. El tiempo en ese lugar no pasa igual que en el mundo de los vivos. Quizás es porque ya no existe el tiempo.

Olvidaba decir que en este salón el alma no puede engañarse a sí misma, ni a los espejos. Es como el Templo de la Verdad de los egipcios, con la diferencia de que al parecer aquí el alma es parte y juez a la vez. Su propio juicio, reflejado en los espejos, la salva o la condena. El alma se juzga a sí misma, se premia o se castiga, confrontada con la verdad de las cosas que hizo o dejó de hacer en vida.

Las almas que se salvan y se perdonan, se dirigen a la pequeña puerta de madera en forma de arco al final del salón y cruzan el umbral. ¿Hacia dónde? No se sabe. Las almas que se condenan a sí mismas y no pueden perdonarse se quedan allí ante los espejos de la injusticia y el mal, del sufrimiento causado y de lo que pudo haber sido su vida óptima, penando por no haber sabido vivir bien.

No se sabe cuántas almas llegan a perdonarse a sí mismas y pueden pasar por la puerta final. Pero se sabe que cuando la corrupción, la injusticia y el daño causado han sido muy grandes, el alma no es capaz de perdonarse a sí misma, y vive su condena, en pena y soledad para siempre.

IVANKA. — Eso es un cuento de horror.

SÓCRATES. — No sé si de horror o de esperanza. Dependerá de la vida de cada cual. El que ha vivido con justicia, virtud y siguiendo el *logos* podrá tener esperanza. El que ha vivido para satisfacer su codicia y su afán de poder, sin justicia, ni ética, debería escuchar y rectificar a tiempo.

IVANKA. — Cómo se puede saber si uno ha escogido la mejor vida.

SÓCRATES. — Nunca se sabe a ciencia cierta. Un buen punto de partida es el ejercicio espiritual de buscar la verdad y conocerse a sí mismo. Los políticos codiciosos de poder rechazan este ejercicio y están en alto riesgo de escoger la peor vida.

Trump irrumpe en la conversación visiblemente agitado.

TRUMP. — Sócrates, no has hecho más que confundir y provocar un tumulto.

SÓCRATES. — Trump, no dejes que la ira te domine. Deberías aprender de Ivanka que puede dialogar sin dejarse dominar por la ira. ¿No te parece que el diálogo te ha enseñado algo de valor?

TRUMP. — Lo que me ha enseñado es que no se puede confiar a los filósofos ningún asunto de importancia para la vida. Ahora que estamos prácticamente solos te puedo hablar con una franqueza aún mayor. Hay una pasión que no te mencioné antes pero que es fundamental para mí. Y es bueno que la conozcas para que sepas lo que pasará.

SÓCRATES. — ¿Cuál es esa pasión?

TRUMP. — La venganza.

SÓCRATES. — ¿Contra quién?

TRUMP. — Contra todos mis enemigos. Todos lo que me acusaron. Los cómplices políticos de quienes han querido hacerme daño. Los que quisieron destruirme. Ahora tengo el poder.

SÓCRATES. — La sed de venganza puede hacerte mucho mal.

TRUMP. — No pierdas más tiempo. Voy a cambiarlo todo. Las normas, las costumbres, el gobierno. Sólo yo puedo hacerlo. Pero parte de todo es asegurarme de que los que me hicieron daño paguen por su afrenta.

SÓCRATES. — No creo que haya perdido el tiempo. Tal vez he ganado más de lo que parece a simple vista. A cada uno le toca decidir cómo debe vivir su vida. Que es la pregunta más importante de todas. Te aseguro que la vida, incluso ante el misterio de la muerte, se hace mucho más fuerte, más grande, más rica y plena, cuando la vivimos con virtud, justicia y en búsqueda del autoconocimiento.

Hubiese querido convencerte de que en esto consiste la vida plena. La vida que merece ser vivida. Y en esa vida no cabe la sed de venganza.

TRUMP. — Sócrates, la venganza, cuando es total y aplasta a los enemigos, sin que ellos puedan hacer nada, es el más placentero de todos los actos del poder. Es una forma de alegría pura, primitiva y natural. Y sólo la puede experimentar el más fuerte. La venganza es la marca del hombre de poder desde la antigüedad hasta hoy.

SÓCRATES. — La venganza es la marca del tirano. No hay ser más vengativo que el tirano.

¿Te he convencido en algún modo de desistir de ella?

TRUMP. — Ni un poco. Tu seguramente pones tu confianza en el perdón. Y querrías que yo ponga la otra mejilla. Eso nunca va a pasar. No me vas a convencer de aceptar el camino del débil.

SÓCRATES. — No quiero convencerte de eso. Te quiero convencer de lo contrario. De tomar un camino que requiere más fortaleza que el de la venganza. Puede que pienses que lo opuesto a la venganza es el perdón, la clemencia, la misericordia o incluso el amor al prójimo. Pero no es así. Lo opuesto a la venganza es la libertad. Lo opuesto a tu venganza, es tu libertad. La venganza es una tirana engañosa que se hace pasar por lo justo para apoderarse de tu alma. A pesar de sus promesas, no sirve para saciar el odio y deja al vengador siempre inconforme y sediento de más venganza. La venganza no hace mejor a nadie, sino que hace peores a los que buscas castigar y a ti mismo. Igual que otras pasiones que te tiranizan, la venganza te convierte en un esclavo desdichado y servil.

Es por ignorancia que pones tu confianza en la venganza. Es la misma ignorancia que te lleva a codiciar la vida del tirano. Como lo explicó Plutarco: "aun en las carnicerías que comete el tirano, en su salvajismo cruel, se deja ver la pequeñez de su alma".

¿Te he persuadido de cambiar de opinión a tiempo?

TRUMP. — El tiempo se acaba para ti. A mí me queda.

SÓCRATES. — El tiempo es una cosa rara y ahora no hay tiempo para dilucidarla. Tampoco hay tiempo para profundizar en conceptos como la libertad, el bien, la justicia, la virtud y la moderación. Ni siquiera discutimos cómo cada uno puede llegar al conocimiento de sí mismo, desde distintos contextos, perspectivas y experiencias de vida. Lo cierto es que no hemos avanzado mucho en la deliberación de estos temas cruciales.

Los agentes de seguridad rodean a Trump.

AGENTE DE SEGURIDAD 1. — *"Mogul on the move".*

AGENTE DE SEGURIDAD 2. — Presidente, vamos a desalojar.

TRUMP. — Suerte. Te hará falta.

SÓCRATES. — Cuando renuncias al buen gobierno de ti mismo, no queda más remedio que confiarlo todo a la suerte. Creo que tú la necesitarás más que yo.

Trump sale rodeado de agentes del Servicio Secreto. Ivanka le sigue unos pasos detrás, con otros agentes. Los demás ya han salido.

IVANKA. — *(Desde la puerta).* ¿Sabes a dónde vas?

SÓCRATES. — Sí. Me conozco el camino.

Sócrates se pone de pie y sale del cuarto camino al vestíbulo. Mientras sube las escaleras escucha un gentío. Al llegar al área del vestíbulo, los gritos incrementan. Hay un gran tumulto. La manada de gente, al ver a Sócrates, sale corriendo hacia él como una estampida de animales salvajes o de niños aterrados que huyen de un monstruo.

Sócrates los vio venir sin hacer nada. No tuvo lástima, ni miedo, ni resentimiento. Los vio venir como si los esperara. Extendió los brazos como si fuera a dar un gran abrazo. Lo arrollaron. Lo pisotearon uno tras otro, desde el primero hasta el último. Algunos lo golpearon con palos y piedras, mientras gritaban, insultaban y coreaban estribillos, como locos. En un instante la estampida desapareció. A lo lejos se escuchan los alaridos de la turba.

En el piso queda el cuerpo muerto y ensangrentado de Sócrates, cuyo rostro preserva una expresión de total serenidad.

Epílogo

DECIR QUE SÓCRATES bajó la filosofía de los cielos a las calles, las plazas, los bares, es decir, a la vida cotidiana, es un lugar común y poco controversial desde que así lo declaró Cicerón. Sócrates fue mucho más allá. Fue el primero en demostrar, con su propia vida, la importancia de un auténtico conocerse a sí mismo y lo que significa el autogobierno de personas racionales. Por ello, muchos lo siguieron y aprendieron de él una nueva forma de vida que aun hoy reconocemos como la auténtica filosofía. Como dijo uno de sus grandes emuladores y admiradores, Epicteto, Sócrates fue el primero que comprendió lo que es el gobierno de seres humanos racionales.[12]

"¡Conócete a ti mismo!" (*Gnothi seautón*).[13] Esta es la invitación de Sócrates que, a pesar de su antigüedad, permanece vigente y abierta para nosotros hoy. Jean Grondin va más lejos. Según Grondin, sólo la vía de Sócrates está abierta para nosotros: la vía del conocimiento de sí mismo, del diálogo interior, de la pregunta por la vida que merece ser vivida. Dice Grondin que, "como la vida es una interrogación acerca de sí misma, cada cual debe responder al menos una vez en la vida (la única que se nos concede y sin posibilidad de apelación) a la pregunta por el sentido de la existencia en el tiempo."[14] Sin embargo, para muchos acostumbrados a vivir en la Era de Trump, la vía socrática parecería una excentricidad impracticable. No hay tiempo para eso. Vivimos en los tiempos de la ligereza, el hiperconsumo, del entretenimiento escapista y sumidos en una cultura política

---

[12]   Epictetus, *Discourses, Books 3-4. Fragments. The Encheiridion*, trans. Arrian, Loeb Classical Library 218 [Cambridge, MA: Harvard University Press], 1928, 3.7.34-36.
[13]   John Lear, *Open Minded: Working Out the Logic of the Soul* [Cambridge, MA: Harvard University Press], 1999, 28.
[14]   Jean Grondin, *Del Sentido de la Vida* [Barcelona: Herder], 2005, 35-36.

cada vez más tóxica, maniquea e irreflexiva. En este ambiente, la pregunta socrática es fácil de ridiculizar, tergiversar o ignorar. Todo intento serio de plantearse cómo vivir mejor y ayudar a otros a ser mejores, suena a autoayuda, a espiritualismo "new age" o nos recuerda el moralismo punitivo de los religiosos de viejo cuño. Pero la pregunta socrática merece nuestra cuidadosa atención, particularmente en los tiempos que corren.

En este breve epílogo no hay espacio para profundizar en el pensamiento de Sócrates y su relevancia para la política y la filosofía de nuestros tiempos. Estas líneas finales se limitan a explorar una opinión controversial, a saber, la amenaza de la tiranía y la promesa que representa la disciplina socrática como un modo adecuado para enfrentarla, individual y colectivamente. Sócrates se presenta en estos diálogos como adversario de toda forma de tiranía. Esto no es casual, puesto que Sócrates fue el primero que comprendió a fondo la relación íntima que existe entre el poder tiránico de las pasiones irracionales sobre el individuo y el poder del tirano sobre la ciudad. Aunque aquí solo hay espacio para un mero esbozo parcial de este complejo y fascinante tema, es útil dejarlo planteado en forma de opinión controvertible y confiar en que el lector mantendrá su curiosidad sobre este tema, aun después de concluida esta lectura, y llegará a sus propias conclusiones.

En el año 2017, el profesor de historia de la Universidad de Yale, Tymothy Snyder publicó un librito titulado: *On Tyranny: Twenty Lessons from the Twentieth Century*. Su consejo más básico es que debemos seguir el ejemplo de los padres fundadores de la Constitución Americana:

> *In founding a democratic republic upon law and establish a system of checks and balances, the Founding Fathers sought to avoid the evil that they, like the ancient philoso-*

pher, called tyranny. They had in mind the usurpation of power by a single individual or group, or the circumvention of law by rules for their own benefit.[15]

El librito fue el más vendido en la categoría de no ficción según el listado del *New York Times*, justo en el mismo año que se inauguró la primera presidencia de Donald Trump. Snyder proclama que la post-verdad es el pre-fascsimo[16] e identifica cuatro tendencias pre-fascistas en la retórica populista de hoy:

(1) Hostilidad contra los datos verificables que contradicen la propaganda retórica y que ellos llaman *"fake news"*. Esto permite que el rétor se aferre e imponga la versión de la realidad que se le antoje;

(2) La repetición incesante de mentiras hasta que se transforman en la "realidad" según la perciben sus seguidores;

(3) El abandono de la razón y de la necesidad de elaborar opiniones fundamentadas en datos. Por ello proclaman que "lo importante es el sentimiento"; y

(4) La de fe ciega en el líder.

Otros han advertido sobre el reciente auge de políticas antidemocráticas y prácticas autoritarias en el resto del mundo. En el año 2020, Anna Applebaum publicó el libro: *Twilight of Democracy: The Seductive Lure of Authoritarism.*[17] Applebaum identifica la tiranía electiva, como aquella que resulta del clamor del pueblo que ve en la figura del tirano a su defensor contra el

---

[15]   Timothy Snyder, *On Tyranny: Twenty Lessons from the Twentieth Century* [New York: Tim Duggan Books], 2017, 10.
[16]   Id. a las págs 70-71.
[17]   Anne Applebaum, *Twilight of Democracy: The Seductive Lure of Authoritarianism* [New York: Doubleday], 2020. Applebaum fue reconocida con el Pulitzer Prize por su libro investigativo *Gulag: A History,* publicado en el año 2004.

caos, el miedo, la confusión y la amenaza de elementos extranjeros que se presentan como enemigos de la gente. El tirano nunca opera solo. Tiene intelectuales, medios de comunicación e "*influencers*" importantes que lo apoyan para adelantar sus propios intereses. En la antigua Roma, César hizo que los escultores reprodujeran múltiples versiones de su imagen. Ningún tirano de estos tiempos puede hacerse con el poder sin el equivalente. Tiene escritores, medios, intelectuales, panfletistas, blogueros, asesores de comunicación política, productores de programas de televisión y creadores de memes capaces de vender su imagen a la opinión pública.[18] Igualmente los tiranos necesitan gente que promueva el caos, los disturbios y propicie la necesidad de un golpe o del autogolpe de Estado para eliminar restricciones constitucionales a su poder. En otras palabras, necesitan a miembros de la élite que les ayuden a librar una guerra contra el resto de la élite culta e intelectual, aunque este último grupo incluya a sus compañeros de universidad, sus colegas y sus amigos.[19]

En la historia de portada de la revista *The Atlantic* de diciembre de 2021, titulada "The Bad Guys are Winning", Applebaum lamenta el retroceso de la democracia en tiempos de Trump:

> *The Trump presidency was a four-year display of contempt not just for the American political process, but for America's historic democratic allies, whom he singled out for abuse. The president described the British and Ger-*

---

[18]   Applebaum (2020).
[19]   Id. La tesis de Applebaum sobre el apoyo de importantes sectores de las elites intelectuales y de los medios de comunicación como condición necesaria para que la democracia ceda a la tiranía se funda, como ella explica, en los escritos de Julien Brenda y en particular su libro *La trahison des clercs*, publicado en 1927 y cuyo título puede traducirse como «La traición de los intelectuales". Brenda observó con agudeza este fenómeno en Europa mucho antes de los acontecimientos que desembocaron en la Segunda Guerra Mundial.

man leaders as "losers" and the Canadian prime minister as "dishonest" and "weak," while he cozied up to autocrats—the Turkish president, the Russian president, the Saudi ruling family, and the North Korean dictator, among them—with whom he felt more comfortable, and no wonder: He has shared their ethos of no-questions-asked investments for many years.[20]

A pesar de lo documentado de su trabajo, Applebaum tiende a sentirse cómoda con una lectura de la historia en la que está muy claro quiénes son los "buenos" y quienes son los "malos" de la película. Applebaum corre el peligro de caricaturizar las fuerzas del populismo antidemocráctico y antiliberal que moviliza a millones de votantes hoy día.

El filósofo contemporáneo Byung–Chul Han, ofrece una lectura crítica distinta de la decadencia de la democracia liberal desde su interior, y el reto que representa la tiranía, que, según nos explica, no se puede comprender adecuadamente como una lucha maniquea entre los tiranos anti-liberales malos y los buenos políticos liberales y demócratas. Han pone su lupa directamente sobre el ciudadano, o más bien el tipo de ciudadano que necesita la democracia liberal para sostenerse y prosperar. En su ensayo *Psicopolítica*, Han advierte que la clave para entender la amenaza a la libertad está precisamente en los hábitos del ciudadano-consumidor.

"El neoliberalismo convierte al ciudadano en consumidor. La libertad del ciudadano cede ante la pasividad del consumidor. El votante, en cuanto consumidor, no tiene un interés real por la política, es decir, por la forma y configuración activa de

---

[20]   Anna Applebaum, "The Bad Guys are Winning", *The Atlantic* (Diciembre 2021).

la comunidad."[21] Este ciudadano, según Han, no está dispuesto a dedicar esfuerzo mental y tiempo a la acción común. Tiende a reaccionar pasivamente a la política sólo cuando siente que le amenazan de privarlo de algún beneficio, refunfuña, se queja del mal servicio, igual que el consumidor ante las mercancías y los servicios que no le complacen. Los políticos y los partidos también siguen esa misma lógica del consumidor. El partido provee.

Han ha llamado a este fenómeno político la "democracia de los espectadores". En ella, el político no le interesa al ciudadano como represéntate de un proyecto, de ideas o de virtudes morales, sino más bien como un objeto de entretenimiento y escándalo. En este espectáculo político, nada le entretiene más al ciudadano–consumidor que un político desenmascarado y caído en desgracia. Como ha dicho este autor:

> El imperativo de la transparencia sirve sobre todo para desnudar a los políticos, para desenmascararlos, para convertirlos en objeto de escándalo. La reivindicación de la transparencia presupone la posición de un espectador que se escandaliza. No es la reivindicación de un ciudadano con iniciativa, sino la de un espectador pasivo. La participación tiene lugar en la forma de reclamación y queja. La sociedad de la transparencia, que está poblada de espectadores y consumidores, funda una *democracia de espectadores*.[22]

La disciplina socrática nos ofrece una forma de alterar el conformismo pasivo del ciudadano espectador, pues lo obliga a abandonar todas sus zonas de confort y le empuja fuera de

---

[21]   Byung-Chul Han, *Psicopolítica: Neoliberalismo y Nuevas Técnicas de Poder*, trad. Alfredo Bergés [Barcelona: Herder Editorial], 2014, 23-24.
[22]   Id.

su cómodo sofá de espectador-consumidor-juzgador privado. El buen ciudadano que opta por la vía socrática comienza por tomar conciencia de su propia ignorancia inicial. Este ciudadano pensante no puede claudicar cómodamente a su responsabilidad de razonar y resiste dejarse llevar por la corriente y la emociones que el rétor usa para narcotizar a la masa. El tirano es una persona que gobierna sobre otros evitando que se le aplique la ley o se le exija responsabilidad ("accountability") como a cualquier otro ciudadano. Una vez alcanza el poder, el tirano lo ejerce para su propio beneficio y no el de sus súbditos.[23] El tirano, como regla general, comienza su carrera como demagogo que dice defender a la masa contra los aristócratas.[24]

Aristóteles adopta una visión más indulgente de la retórica que contrasta con la que compartían Sócrates y Platón. No obstante, no llega a colocarla al nivel de la filosofía y reconoce que puede ser mal utilizada políticamente, ya sea por mala educación, arrogancia u otras fallas humanas.[25] En ese sentido, Aristóteles no ignora que el demagogo y el tirano pueden valerse de la retórica para fines malvados e injustos. Es por esto que Aristoteles explica la relación entre el adulador, el demagogo y el tirano. El tirano comienza como el demagogo que conquista la mayoría del pueblo, pero luego de que se hace con el poder

---

[23]   Aristóteles, *La Política*, 1295aI.
[24]   Id., 1310a39 y 1305a7.
[25]   Aristóteles, por su parte, tomará una ruta distinta en su apreciación de la Retórica. Hasta cierto punto Aristóteles reivindica la retórica y la rescata del lugar obscuro en que la puso Platón. No la coloca al nivel de la filosofía, sino que la reconoce como una rama de la dialéctica, que se relaciona con la ética y la política. De ahí su utilidad. Es útil pues permite deliberar adecuadamente asuntos que admiten dos posibilidades. Pero advierte Aristóteles que no debe presentarse, como intenta Gorgias, como la política misma. Para Aristóteles el problema surge cuando la retórica intenta presentarse como si fuera la política, ya sea por "mala educación, jactancia, o alguna otra falla humana."

fuerza a los rétores y a los intelectuales a servirle, adularle y complacer sus deseos. El tirano inevitablemente corrompe o elimina, según cada caso, a todos los que le rodean, sean sus amigos o no. Aristóteles profundizó en el tema de la tiranía y todavía sus palabras nos ilustran. Incluyo esta cita de Aristóteles por su pertinencia en el tema que nos ocupa:

> Y la realeza se conserva por sus amigos, pero es propio del tirano desconfiar en especial de los amigos, al pensar que todos quieren derribarlo, pero éstos principalmente pueden hacerlo. También las medidas de la democracia extrema son todas también propias de la tiranía: la autoridad de las mujeres en sus casas para que delaten a los hombres, y licencia a los esclavos por la misma razón, pues ni los esclavos ni las mujeres conspiran contra los tiranos, y al vivir bien, necesariamente son favorables a las tiranías y a las democracias; el pueblo, en efecto, también quiere ser un monarca. Por eso el adulador es honrado en ambos regímenes: en las democracias el demagogo (el demagogo es el adulador del pueblo), y entre los tiranos los que se comportan con ellos de manera humillante, lo cual es obra de la adulación. De hecho, por esto la tiranía es amiga de los malos, pues les agrada ser adulados, y esto nadie que tenga un libre espíritu noble podría hacerlo, sino que las personas nobles aman o en todo caso no adulan. Además, los malos son útiles para sus malas acciones: "un clavo empuja a otro clavo", como dice el proverbio. También es propio del tirano que no le agrade nadie respetable ni independiente.[26]

---

[26]   Aristóteles (1313b29).

Nos queda por mencionar un problema que hemos ignorado hasta ahora y que se refiere a un debate conocido. El debate sobre las diferencias entre la tiranía antigua y la tiranía actual, o más bien aquella que surgió en los regímenes totalitarios del siglo XX. No tenemos espacio para profundizar en este tema, pero vale la pena mencionarlo, aunque sea someramente. Este debate entre la tiranía antigua y moderna tuvo un punto de inflexión en las discusiones que sostuvieron Alexandre Kojève y Leo Strauss a raíz de la publicación del estudio de Strauss sobre el *Hierón* de Jenofonte y, en particular, las dificultades que enfrenta el filósofo en su intento, casi siempre fallido, de educar al tirano. La pregunta que motiva a Strauss va a la médula de un problema que nos debe importar a nosotros hoy: ¿Por qué tantos intelectuales públicos, filósofos, académicos, políticos y científicos prominentes del siglo XX, fracasaron en identificar y denunciar a tiempo la tiranía de Stalin? Strauss explora este problema acudiendo a la obra de Jenofonte, pues a su juicio revela que la tiranía es un peligro perenne e inherente de la vida política de todos los tiempos, incluyendo el presente. Strauss reconoce que mientras exista la política, existirá el peligro inevitable de la tiranía.

Tyranny is a danger coeval with political life. The analysis of tyranny is therefore as old as political science itself. The analysis of tyranny that was made by the first political scientists was so clear, so comprehensive, and so unforgettably expressed that it was remembered and understood by generations which did not have any direct experience of actual tyranny. On the other hand, when we were brought face to face with tyranny—with a kind of tyranny that surpassed the boldest imagination of the most powerful thinkers of the past—our political science failed to recognize it.[27]

Mark Lilla resume la aportación de Strauss en el debate sobre la tiranía y su relevancia para nosotros hoy:

> Lo que Hierón enseña, según Strauss, es que los filósofos deben ser conscientes de los peligros de la tiranía, que constituye una amenaza tanto para la política buena y decente como para la vida misma del filósofo. Deben entender lo suficiente de la política como para poder defender una posición autónoma, sin caer en el error de pensar que la filosofía puede moldear el mundo político y ceñirlo a sus propias ideas. La tensión inherente entre filosofía y política (la política incluso en sus formas más tiránicas) puede ser controlada pero nunca abolida, y debe continuar siendo una preocupación fundamental para los filósofos hasta el día de hoy. Cualquier intento de abandonarla, ya sea retirándose al proverbial jardín, ya poniéndose al servicio de la autoridad política, podría significar el fin de la reflexión filosófica.[28]

Es de gran valor práctico volver hoy al trabajo de Strauss y repasar sus hallazgos en tiempos de Trump. Sin embargo, debemos ser conscientes de que existe una visión contraria que la representa Alexander Kojève, partiendo de su lectura de Hegel y de Marx, que busca defender las potencialidades emancipatorias del tirano como protagonista de la historia. En su debate con Strauss, Kojève no tiene reparos en eximir de juicios morales

---

[27]   Leo Strauss, *On Tyranny, Corrected and Expanded Edition Including the Strauss-Kojéve Correspondence,* ed. Victor Gourevitch & Michael Roth [Chicago: University of Chicago Press], 2013, 22.

[28]   Mark Lilla, *Pensadores Temerarios — Los Intelectuales en la Política,* trad. Nora Catelli [Barcelona: Debate], 2004, 121.

y culpas, para él propias del pensamiento liberal burgués, a los regímenes totalitarios del siglo xx, en particular el estalinismo de la USSR y el comunismo de Mao. Kojève lo justifica todo bajo el palio de haber sido inspirados y guiados por una ideología marxista emancipadora y los distingue de la antigua tiranía que describe Jenofonte en el *Hierón* porque, según él, Stalin o Mao actuaban exclusivamente para adelantar una causa marxista y no su beneficio o sus intereses personales, que es la marca distintiva, según Aristóteles, del antiguo tirano. Desde esta perspectiva neo-hegeliana, Kojève le reprocha a Strauss su crítica moral a las tiranías del siglo xx, influenciada por la visión de los griegos, la que consideraba una concepción caduca de la filosofía pues se conformaba con la búsqueda de la verdad en contraposición con la filosofía como la entendió Marx: un instrumento para transformar el mundo. Recordemos la reconocida cita, tomada de *La Tesis sobre Feuerbach*, en que Marx reclama que "hasta ahora los filósofos se han limitado a interpretar el mundo, de lo que se trata es de transformarlo".

El debate entre Strauss y Kojève es complejo, fundamentado, erudito, por lo que invito al lector a que no se conforme con mis limitados y escuetos comentarios aquí. Lo invito a que lo lea de primera mano en la publicación de *On Tyranny* que editan conjuntamente Víctor Gourevitch y Michael Roth y que publica la University of Chicago Press. En ese debate, me uno al bando de Leo Strauss y a su entendimiento de la tiranía. Su tesis no me parece la búsqueda nostálgica de la filosofía clásica, filosofía que Strauss conocía mejor que nadie, sino que responde a un entendimiento profundo de la naturaleza de la tiranía como amenaza perenne en toda praxis política. Strauss no suaviza el escándalo de los crímenes y abusos de Joseph Stalin y cuestiona la pretensión pseudo-científica de una alegada verdad histórica que los marxistas estalinistas pretendieron elevar a categoría de verdad revelada o dogma religioso y que les brindó carta blanca para matar, robar, engañar, tergiversar la verdad y abusar del poder a nombre de la historia. ¿Cómo puede Kójeve estar tan seguro de reconocer en el estalinismo la verdad y eximirlo del juicio crítico que debe aplicarse a todas las relaciones de poder sea en el mundo moderno o en la antigüedad? Sobre el cuestionamiento crítico de Strauss frente al de Kojève comenta Lilla:

> En ocasiones, hay algo profundamente no filosófico, incluso inhumano, en la forma de pensar de Kójeve: una necesidad de detener la continua búsqueda del conocimiento, sumado a la mesiánica esperanza de que llegue el día en que cese la lucha humana y todos estemos satisfechos. El estado en el cual el hombre es llamado a sentirse razonablemente satisfecho—afirma Strauss—es aquel en que las bases de la humanidad se apagan, o en el que el hombre pierde su humanidad. Es el estado del "ultimo hombre" de Nietzsche.[29]

Strauss tiene una visión más pesimista de la política de la que parece adoptar Kojève. Específicamente en lo que se refiere a la capacidad de un líder, un movimiento ideológico o un partido político de instaurar en este mundo el reino de Dios y llegar a la plenitud de los tiempos, reinterpretado secularmente como el reino de la fraternidad, la igualdad plena y la plenitud material perpetua. Si no entendemos la tiranía, como fenómeno político originario e inevitable cuando se dan ciertas circunstancias, se nos hará casi imposible hacerle frente. Cito las preocupantes palabras de Strauss:

> *It is no accident that present-day political science has failed to grasp tyranny as what it really is. Our political*

---

[29]   Lilla (2004, 122).

science is haunted by the belief that "value judgments" are inadmissible in scientific considerations, and to call a regime tyrannical clearly amounts to pronouncing a 'value judgment.' The political scientist who accepts this view of science will speak of the mass-state, of dictatorship, of totalitarianism, of authoritarianism, and so on, and as a citizen he may wholeheartedly condemn these things; but as a political scientist he is forced to reject the notion of tyranny as "mythical".[30]

Strauss reconoce en Sócrates un tipo de retórica dialógica, guiada por un sentido social de la justicia en contraste con la retórica del demagogo que se guía por la búsqueda del poder. La retórica que Strauss identifica en el método socrático es un tipo de retórica justa y al servicio de la auténtica filosofía. Sobre esta tesis de la rétorica socrática le citamos *in extenso*:

Xenophon's rhetoric is not ordinary rhetoric; it is Socratic rhetoric. [...]. Socratic rhetoric is meant to be an indispensable instrument of philosophy. Its purpose is to lead potential philosophers to philosophy both by training them and by liberating them from the charms which obstruct the philosophic effort, as well as to prevent the access to philosophy of those who are not fit for it. Socratic rhetoric is emphatically just. It is animated by the spirit of social responsibility. It is based on the premise that there is a disproportion between the intransigent quest for truth and the requirements of society, or that not all truths are always harmless. Society will always try to tyranni-

---

[30]   Strauss (2013, 23).

ze thought. Socratic rhetoric is the classic means for ever again frustrating these attempts. [...][31]

Nos toca intentar rescatar esta disciplina socrática como el mejor antídoto contra el embrujo de la tiranía, que cada día conquista más adeptos. Es la tarea a la que estamos llamados hoy, si es que queremos mantener viva la empresa milenaria de la búsqueda de la verdad, de la vida justa, libre y feliz. Para lograrlo, querido lector, espero haberlo persuadido de que el camino socrático nos ofrece una salida prometedora de la caverna de las sombras en que nos encontramos.

[31]   Strauss (2013, 26).

Agradecimientos

Uno de los mayores placeres que tuve al escribir este libro fue el apoyo que recibí de muchas personas en las distintas etapas de su gestación. Espero comprendan que no podría nombrarlas a todas. Sin embargo, quisiera mencionar algunas de ellas que fueron más allá del deber para que esta obra pudiera ver la luz.

A José Alfredo Hernández Mayoral porque sin su amistad y pericia no se hubiese publicado este libro.

A la Fundación Rafael Hernández Colón por acoger este trabajo y publicarlo bajo su distinguido sello.

Al profesor Carlos Rojas Osorio, por compartir su erudición desmedida y honrarme con su elegante y agudo prólogo.

A Manolo Núñez Negrón, por su asesoría y las generosas palabras que ha dicho sobre este trabajo.

A los meticulosos lectores de mis borradores como Ángel Colón, José Coleman, Kichi Beauchamp, Roberto Prats, y los miembros del Club de los Filósofos cuyos nombres, según su estricta regla, no puedo divulgar, quedo infinitamente agradecido por sus recomendaciones y correcciones.

A los amigos que me alentaron a seguir adelante, en varios puntos del camino. Los menciono a riesgo de excluir a alguno, que confío sabrá perdonarme. Patricia Rivera, Miguel Hernández, Mari Muñiz, Liza Fernández, Armando Valdés, Lara Mercado, Jorge Rodríguez,

Irving Faccio, Ricardo Rivera, Jay Fonseca, Ramón Kury, Jim Smith, Ana María Santiago, Renata Beca, José Nadal, Manny San Juan, Guillermo San Antonio y Frances Devaris.

A Juan López Bauzá, viejo amigo, quien muy al comienzo me regaló tan sabios y atinados consejos, que me acompañaron durante todo el trayecto.

A Damián Modena, por prestar su enorme talento para el arte gráfico que adorna el libro.

A mi familia: los Dalmau, los Ramírez y los Beauchamp, por defender la alegría. Al escuadrón de los sobrinos: Joaquín, Gabriel, Sofía y Carlos, por decir presente siempre que se les necesita.

A mi esposa Kichi, lectora rigurosa, consejera invaluable, por sus recomendaciones tan acertadas, por seguir siendo la mejor compañera de viaje y por todo lo demás. En los días de lluvia y en los de sol.

A mis hijos Rafael Ignacio y Emilio Guillermo por ser la sal y la luz de mi mundo.

ÍNDICE

Made in the USA
Columbia, SC
24 August 2024

41068777R00114